Sociologia da Leitura

Coleção AZUL de Comunicação e Cultura

Direção
Osvando J. de Morais
Luiz C. Martino
Plinio Martins Filho

Conselho Editorial
Ana Silvia Lopes Daví Médola (Unesp)
Antonio Hohlfeldt (PUCRS)
Afonso de Albuquerque (UFF)
Ciro Marcondes Filho (USP)
Clóvis de Barros Filho (ESPM/USP)
Giovandro Ferreira (UFBA)
Jeronimo C. S. Braga (PUCRS)
José Marques de Melo (Umesp)
Luiz C. Martino (UNB)
Olgária Matos (Uniso)
Osvando J. de Morais (Uniso)
Paulo B. C. Schettino (Uniso)
Plinio Martins Filho (USP)
Rosana de Lima Soares (USP)
Sandra Reimão (USP)

Chantal Horellou-Lafarge
& Monique Segré

Sociologia da Leitura

Tradução
Mauro Gama

Ateliê Editorial

Copyright © Éditions François Maspero/La Découverte, Paris, 2003, 2007.

Título do original em francês: *Sociologie de la Lecture*

Direitos reservados e protegidos pela Lei 9.610 de 19 de fevereiro de 1998.
É proibida a reprodução total ou parcial sem autorização, por escrito, da editora.

Dados Internacionais de Catalogação na Publicação (CIP)
(Câmara Brasileira do Livro, SP, Brasil)

Horellou-Lafarge, Chantal
   Sociologia da Leitura / Chantal Horellou-
-Lafarge & Monique Segré; tradução Mauro
Gama. – Cotia, SP: Ateliê Editorial, 2010.

   ISBN: 978-85-7480-507-8
   Título original: *Sociologie de la Lecture*

   1. Comunicação e cultura   2. Cultura – Aspectos
sociais   3. Difusão cultural   4. Leitura – Aspectos
sociais   I. Segré, Monique   II. Título.

10-06639   CDD-300.1

   Índices para catálogo sistemático:
   1. Sociologia da leitura   300.1

Direitos reservados à
Ateliê Editorial
Estrada da Aldeia de Carapicuíba, 897
06709-300 – Granja Viana – Cotia – SP
Telefax: (11) 4702-5915
www.atelie.com.br / atelie@atelie.com.br

2010

Printed in Brazil
Foi feito o depósito legal

Sumário

Introdução ... 13
- Boxe: Uma Atividade Cultural Que Não É Como as Outras ... 14

I. A LEITURA E SEU SUPORTE ... 19

1. Nascimento do Escrito ... 19
   Os Três Grandes Sistemas de Escrita ... 20
   Da Escrita à Leitura ... 21
   Da Cultura Oral à Cultura Escrita ... 22
   - Boxe: Os Perigos da Escrita, Segundo Sócrates ... 24

2. Evolução das Técnicas de Fabricação do Livro ... 25
   Da Argila ao Papiro ... 25
   O Códice ... 26
   O Suporte da Leitura Condiciona a Maneira de Ler ... 27
   A Diversificação do Escrito ... 28
   A Imprensa ... 29

Formatos Diversificados para Formas Diferentes
de Leitura 30
A Mecanização: Do Livro ao Impresso 31
O Livro Eletrônico 32

3. Evolução e Especialização dos Ofícios do Livro 33
O Livreiro e o Impressor 33
Livreiro, Impressor e Editor 34
Os Vendedores Itinerantes, os Feirantes e
os Ambulantes 35
Os Autores 36

4. A Industrialização do Livro 38
A Concorrência e a Emulação Entre a
Imprensa e o Livro 38
O Livro: Um Produto de Massa 39

II. A LEITURA E AS INSTITUIÇÕES 45

1. O Nascimento do Leitor: Papel da Igreja
e do Estado 45
A Leitura, Aposta da Difusão de Ideias Religiosas,
Ferramenta de Propaganda das Igrejas 46
A Instrução se Torna Assunto de Estado: A Leitura,
Instrumento de Democratização 48

2. A Emancipação do Leitor 49
A Leitura da Elite 50
O Acesso de Todos ao Escrito 51
A Paixão pelo Romance e sua Influência nos Gostos
Femininos 54
A Leitura Infantil 55

3. O Enquadramento do Leitor 56

4. A Censura 58
   A Censura da Igreja 58
   A Censura do Rei 59
   Da Censura Prévia à Censura Repressiva 61
   • Boxe: Os Libertinos 62

5. As Políticas do Livro e da Leitura 63
   *O Estado Lança uma Política de Incentivo e
   Proteção do Escrito e da Leitura* 64
   A Lei sobre o Preço Único do Livro 66
   A Luta Contra o Iletrismo 67
   O Direito Autoral e as Bibliotecas 70

III. LER, UM APRENDIZADO ESCOLAR
     DETERMINANTE 73

1. Aprender a Decifrar 73

2. Aquisição da Capacidade de Ler no Século XX 75
   Domínio da Língua Oral e Escrita 77
   • Boxe: Os Olhos 78
   Os Métodos de Aprendizagem da Leitura 78

3. Fazer da Criança um Leitor 80
   Fracassos do Domínio da Leitura 83

4. A Instituição Escolar e o Gosto de Ler 83
   Leituras por Prazer 84
   • Boxe: Distúrbios da Leitura: A Dislexia 85
   Leituras Literárias no Segundo Grau 88

IV. UMA PRÁTICA CULTURAL
    DIFERENCIADA 91

1. As Pesquisas sobre a Leitura e os Leitores............92
   • Boxe: Primeiros Estudos sobre a Leitura..........94
2. A Leitura de Livros................................96
   Diferenças Sociais do Acesso ao Livro.............100
   • Boxe: Retrato de um Apaixonado
     Comprador de Livros.............................101
   Lugar da Leitura no Conjunto das Práticas
   Culturais..105
3. Diversidade dos Objetos de Leitura................105
   Os Jornais.......................................105
   Os Magazines e as Revistas.......................106
4. Diferenciação dos Leitores Segundo o Sexo,
   o Cabedal Cultural Familiar e Escolar.............108
   Diferenciação Segundo o Sexo.....................108
   Diferenciação Segundo o Cabedal Cultural
   Familiar e o Cabedal Escolar.....................114
5. Diferenciação dos Conteúdos e dos Usos da Leitura....115
   Leituras "Comuns"................................116
   Leituras de Documentação, Leituras Práticas......116
   • Boxe: Leituras Autodidáticas..................117
   • Boxe: Leituras de "Livros Práticos"...........118
   Leituras Profissionais...........................119
   Leituras de Distração, de Entretenimento.........121
6. Os Itinerários de Leitura.........................122
   A Descoberta da Leitura..........................122
   A Biografia do Leitor............................123

V. AS MODALIDADES DA LEITURA.........................125

1. Leitura e Sociabilidade 125
2. Leitura e Televisão 127
3. Leitura e "Civilização dos Costumes" 128
   Autocontrole das Atitudes e dos Sentimentos 129
   Leituras do Século xx: Do Modo de Leitura
   Linear, Contínuo, à Leitura "em Pedaços" 131
4. Os Lugares Públicos de Leitura 132
   As Bibliotecas Municipais do Século xx: Leitura
   in Loco e Empréstimo de Livros 132
   A Biblioteca: Lugar de Estudos e Leitura, e Lugar de
   Convívio Social 133
   As Maneiras de Ler em Biblioteca 135
   • Boxe: A Biblioteca Beaubourg 136
   As Bibliotecas da Elite Culta 136
   Outros Lugares de Leitura 137
   O Livro em Casa 137
5. Modos de Apropriação da Leitura 138
   A Leitura É uma Atividade Inventiva 138
   A Leitura entre Liberdade e Coerção (Wolfgang Iser)... 139
   O Leitor ao Encontro do Texto: "Os Horizontes de
   Expectativa" do Leitor: Hans Robert Jauss [1978]... 140
   • Boxe: O Leitor É um Viajante 141
   Diversidade dos Modos de Interpretação e
   Apropriação dos Textos 142
   A Interpretação do Texto Depende do Contexto
   Social, Cultural e Político 143

Conclusão 147
Bibliografia 149

Introdução

A leitura é uma atividade integrada à vida cotidiana de cada um. Lê-se sem saber, sem querer, sem atentar para o fato, lê-se sem parar, placas, prospectos de propaganda, cartazes, manchetes dos jornais. Incessantemente, somos convidados à leitura de textos, breves ou longos. A leitura se impõe como uma atividade que para nós se tornou natural, indispensável como alimentar-se ou vestir-se. O texto escrito exige de nós a todo instante o olhar, a atenção. Ler para saber que direção seguir e como se orientar, ler para consumir segundo as nossas necessidades e os nossos gostos, ler notícias para exercer corretamente uma atividade prática, adotar a atitude correta. Ler informações, esclarecimentos, anúncios de emprego, de moradia, ler as condições de uso deste ou daquele remédio, ler para compreender as explicações indispensáveis ao manejo de uma ferramenta ou material, ler para fazer as coisas, para agir sobre elas. Há diversas maneiras de ler, folheando uma revista, percorrendo-lhe as páginas, demorando-se em certas passagens, pulando outras, indiferente às frases, leitura rápida, despreocupada, quase desatenta, mas leitura de qualquer modo. Lê-se também de forma concentrada, com uma atenção sustentada para captar o teor de um texto sutil, para apreender-lhe todas as nuances. É de acordo com os nossos desejos, os nossos gostos, os nossos objetivos, conforme as características do texto. Ler para compreender o que o texto escrito transmite, descobrir o que este guarda escondido. Ler entre as linhas, para captar o surgimento de um entendimento diferente, inabitual. Tudo, na vida atual, obriga a ler, todo o mundo lê, é colocado diante da necessidade de ler. Jean-Claude Passeron ressalta como a leitura se tornou uma necessidade ineludível, que a converte numa prática cultural que não é igual às outras (cf. o primeiro boxe). Implica uma competência: o saber ler, eterno objeto de discussões, recolocado em questão constantemente, antecede a leitura e é imprescindível para ele. Adquiri-lo exige regras sempre discutidas, nunca definitivas.

Seria sempre o mesmo modo de leitura qualquer que seja o texto? A mesma forma de ler? Como a leitura varia? Exigiria cada texto, quando atinge determinado grau de complexidade, um modo de leitura específico? Há uma multiplicidade de leituras possíveis de um mesmo texto, porque os textos vivem, nunca são congelados, nunca definitivos, aparecem mais ou menos fáceis, mais ou menos complexos, apelando para conhecimentos distintos, interpretações diversas. Há tantas maneiras de ler quantos são os textos cujos significados oscilam.

Tornar a prática da leitura acessível a todos ou a quase todos foi um longo combate, uma luta dura. Para que o texto fosse lido, era preciso que existisse o suporte que lhe permite ganhar

---

Uma Atividade Cultural Que Não É Como as Outras

Com respeito à leitura, o sociólogo sabe desde o início – por observar todos os leitores, "pequenos" ou "grandes", esporádicos ou regulares – que é, por suas funções sociais, a prática cultural mais diversificada. Ele deve estabelecer sobretudo, reportando-se à pesquisa e à história do escrito, que ela não é uma prática cultural como as outras [...].

Em nossas sociedades, já não se define a leitura por uma especialidade: ela se oferece e se impõe, sob as formas mais heterogêneas, em cada desvio da percepção e do comportamento cotidianos, tão presente e incontornável na vida particular quanto na esfera pública. Mesmo que todos utilizem seus recursos de forma desigual, ela daí por diante serve para tudo: tanto para as atividades mais técnicas quanto para as mais simbólicas, tanto para as trocas comuns quanto para os prazeres da arte, tanto para as atividades mais simples da vida doméstica quanto para as escolhas mais continuadas de uma biografia: é instrumento de todos os ofícios, desafogo de toda espécie, praticável em todos os espaços, urgência administrativa, procura de *status* social, exercício do eu na construção de sua personalidade interior. Os dois polos simplificadores da leitura utilizados em tantos questionários, o da leitura "literária" (culta ou não) e o da leitura "documental" (utilitária ou não), descrevem apenas de forma incompleta seu polimorfismo fundamental, que se enraíza na onifuncionalidade das "línguas naturais". Isso não quer dizer que a passagem da tradição oral para a escrita não tenha tido seu custo simbólico, que Jack Goody chamou de "domesticação do pensamento selvagem". Mas uma única diferença nos interessa aqui: aquela que define hoje a leitura como o veículo privilegiado das significações técnicas e culturais [...].

O polimorfismo social e cultural da leitura é um polimorfismo do segundo grau: o acesso à informação escrita se apresenta, em nossos dias, como a condição preliminar da plena utilização dos outros códigos e dos outros sistemas de comunicação, inclusive, evidentemente, o audiovisual ou a informática, tributários sempre do que a palavra – e, portanto, o escrito – prepara para eles, diz neles ou em torno deles, conclui depois deles [Passeron, 1991].

vida sob uma forma concreta, que tivesse regras na maneira de dispor as frases ou as palavras, a fim de possibilitar que o texto, que todos os textos fossem acessíveis, fossem compreensíveis ao leitor. Porque é este que, por sua interpretação e sua leitura, confere existência ao texto: sem ele (ou ela), o texto não é nada, não passa por assim dizer de letra morta. Tanto a escrita quanto a leitura são meios de comunicação indispensáveis. Também inspiram medo. A escrita pode ser subversiva, a leitura também, pois, em determinadas condições sociais, permite ao leitor compreender e interpretar o texto, descobrir suas nuances e significados até então ocultos. Com exceção daqueles de caráter estritamente técnico, o ou os textos são objeto de leituras sempre renovadas, talvez perigosas. Em todo o caso, imprevisíveis. É por isso que os mantenedores da ordem querem controlar as interpretações que os leitores, eternos insubmissos, dão. Essa vontade de controle efetuou-se, ao longo da história, com a violência e a repressão, concretizou-se na censura da parte das autoridades, quer representassem a Igreja, quer o Estado. A censura repressiva dessas instituições já não tem legitimidade em nossos dias. No entanto, as leis do mercado que impõem a necessidade de produzir cada vez mais e depressa, assim como de vender depois pelo melhor preço, não seriam uma forma de censura difusa, tanto mais insidiosa e premente quanto inconfessada e inapreensível? Não se exerceria ao mesmo tempo sobre aquele (ou aquela) que escreve e sobre aquele (ou aquela) que vende e difunde, ou não pode difundir, os textos escritos, o livreiro? Os textos que não são difundidos, condenados ao silêncio, são muitas vezes textos não promovidos que são objeto de uma censura indireta, mas bastante real.

No começo, a leitura era, principalmente, a do livro sagrado: leitura em voz alta da Bíblia, da qual o leitor, a princípio ouvinte, se impregnava. A leitura oral perdurou por muito tempo, mantém-se ainda hoje nos meios populares e entre os adolescentes que praticam, às vezes, uma leitura coletiva. É pela voz da mãe que a criança pequena se familiariza com a leitura do livro. Voz e olhar dão vida à leitura.

O livro, meio de acesso ao saber e à cultura, tornou-se e manteve-se por muito tempo o suporte essencial do texto e, portanto, o principal objeto de leitura. Até o início do século XXI, a leitura foi sempre a leitura de livros. Ler era ler livros. O desenvolvimento dos meios tecnológicos que caracterizou o século XIX permitiu a expansão e a diversidade dos suportes de leitura (revistas, periódicos). Hoje, o livro perdeu a supremacia como suporte único e valorizado da leitura. Isso é motivo de inquietação. Estaríamos no limiar do desaparecimento do livro, símbolo da cultura? Ao longo dos anos de 1950-1960, o livro de bolso, que torna a literatura acessível a todos os bolsos, causou medo: acreditou-se no desaparecimento da cultura letrada, destinada desde sempre à elite culta. Na atualidade, parece que o público está-se afastando da leitura dos livros, mas o que significa isso, efetivamente? Trata-se mesmo do fim da leitura de livros? E, portanto, do fim da cultura letrada que tradicionalmente se associa ao livro? O livro perde um pouco de seu atrativo, o número dos leitores de livro diminui. A situação é paradoxal, quando se sabe que, no entanto, em 2003, 93% da população francesa possuíam livros. A década de 2000 viu os impressos se multiplicarem e diversificarem: jornais, revistas, magazines* de todos os tipos, que oferecem textos curtos e ornados com imagens, talvez mais diretamente acessíveis à leitura, disputam fortemente o mercado nos nossos dias. A prática da leitura, em função da existência desses múltiplos suportes, diversificou-se, adquiriu formas e significados múltiplos. Teria ela se enriquecido ou, ao contrário, empobrecido por causa

---

* Nesse livro, preferiu-se usar os termos *magazine* e *revista*, seguindo o uso do francês e de acordo com os dicionários portugueses, os quais definem *magazine* como a revista, geralmente ilustrada, que trata de assuntos diversos, e *revista* como a publicação periódica destinada a um público específico, ou mesmo especializado, assumindo um formato jornalístico, científico, esportivo, literário etc. (N. do E.).

dessa dispersão? A copiosa realidade dos textos, a amplitude dos campos abordados, a diversidade e a multiplicidade dos leitores e das maneiras de ler não permitem uma resposta simples. Leituras práticas, leituras utilitárias, leituras eruditas, leituras de diversão, leituras que alimentam a imaginação, as leituras variam conforme o objeto de que tratam, conforme o conteúdo do texto e as características dos leitores que atribuem a suas leituras objetivos ao mesmo tempo precisos e variados.

O que é a leitura hoje? Quais formas novas adquire essa prática doravante acessível a todos, apesar da percentagem de iletrados que continua a existir? De que maneira os(as) franceses(as) se apropriam da leitura, se levarmos em conta sua classe social, sua idade, sua identidade sexual e seu nível de instrução?

I. A Leitura e seu Suporte

A evolução das técnicas de fabricação e de divulgação dos textos impressos tornou possível o desenvolvimento da prática da leitura. A indústria do livro, na segunda parte do século XX, permite a multiplicação e a variedade dos impressos destinados a um público cada dia mais amplo: ao mesmo tempo, o livro que virou produto-mercadoria não iria transformar a leitura num ato de consumo cada vez menos cultural?

1. NASCIMENTO DO ESCRITO

A invenção da escrita e sua evolução não podem ser isoladas de seu contexto cultural, social e econômico.

As pinturas das cavernas de Lascaux são datadas de vinte mil anos antes de Cristo, e o nascimento da escrita remontaria a dezessete mil anos antes de nossa era. Sua lenta evolução correspondeu a uma adaptação inventiva do homem a suas necessidades num contexto particular, o que explica o aparecimento de diferentes formas de escritas. Se, há muito tempo, existiram meios de comunicação entre os homens, particularmente mediante desenhos e sinais, a escrita como conjunto organizado de sinais ou de símbolos que permitem a expressão de ideias e conceitos abstratos levou séculos para se constituir. Diversas etapas decisivas resultaram na escrita que conhecemos hoje. Essas etapas podem caracterizar-se por três grandes sistemas de escrita, embora esses sistemas tenham sido frequentemente associados uns aos outros.

Os Três Grandes Sistemas de Escrita

A escrita ideográfica foi a primeira. A cada sinal corresponde um objeto (pictograma) ou uma ideia (ideograma). Nasceu da necessidade de registrar contas agrícolas e, durante vários séculos, serviu de *aide-mémoire*, de pró-memória. Para a compreensão, não era necessário conhecer a língua do autor, mas o número e a complexidade dos sinais constituíam um obstáculo.

A segunda etapa corresponde ao acréscimo de uma escrita silábica em que cada sinal representa um som. O número de sinais diminuiu, mas então o leitor precisa conhecer a língua transcrita. Duas formas de escrita, a cuneiforme e a hieroglífica, vão nascer ao mesmo tempo e desenvolver-se em ritmos diferentes, uma ignorando a outra. Ambas surgiram num momento específico da civilização quando um poder forte e centralizado, ligado a uma agricultura intensiva, tornava indispensável o controle dos numerosos movimentos dos bens em circulação. No início uma espécie de pró-memória, a escrita passava a ser um modo de conservar traços da língua falada, e um meio de comunicar-se à distância, de pensar e de exprimir-se. A escrita cuneiforme permitiu a transcrição de outras línguas além daquela usada na Mesopotâmia e, desse modo, disseminou-se amplamente. Ao contrário da escrita cuneiforme, de lenta evolução, a escrita egípcia se tornará imediatamente a expressão da linguagem falada a refletir realidades concretas e abstratas. Essa escrita bastante minuciosa deu origem a duas outras formas derivadas, mais rápidas de executar, mas sempre com base no mesmo princípio. Complicada, com o aumento incessante do número de sinais, era reservada aos escribas que formavam uma elite preocupada em preservar seus privilégios e poderes. Constituíam um público culto, que estimulava a criação científica e literária. A escrita, entre os egípcios, adquiriu importância especial. Por meio dela, contarão sua história e se situarão cronologicamente no tempo. Foram encontradas "casas de livros", que continham rituais, tratados de astronomia, de medicina e de matemática, textos literários, máximas de moral, hinos aos deuses [George, 1987]*.

A terceira etapa corresponde à escrita alfabética. Chega mil anos antes da nossa era graças aos fenícios, povo navegador e comerciante, devido à preocupação com a possibilidade de redigir rapidamente os contratos. A partir de então, o sinal já não faz referência a um objeto ou a uma ideia, mas a um elemento decomposto do som. Um som é representado por vários sinais, e o número de sinais diminui. A abstração alfabética alivia o trabalho da escrita e da leitura e é graças a essa simplificação que irá desenvolver-se tanto uma escrita mais complexa, mais rica, quanto uma leitura mais fácil. Enquanto se contavam perto de 1500 pictogramas primitivos, com umas três dezenas de sinais abstratos representando consoantes será possível escrever tudo. Oito séculos antes de Cristo, e muito próximos do fenício, existiam no Ocidente e perduram até os nossos dias: o alfabeto aramaico, ou árabe, e o alfabeto hebraico. É por esses alfabetos que se transcreve a palavra de Deus no Corão ou na Bíblia. Essas escritas são lidas da direita para a esquerda e não contêm vogais.

Da Escrita à Leitura

Cinco séculos antes de Cristo, os gregos dão ao alfabeto seu caráter consolidado, transformando certas consoantes fenícias em vogais. Estabelecem racionalmente uma correspondência ter-

---

* As referências entre colchetes remetem à bibliografia no final da obra.

mo a termo entre um sinal escrito e cada um dos sons. A letra representa a unidade última, constitui o fonema. Esse alfabeto terá uma posteridade importante, uma vez que o alfabeto latino derivado dele continua a expandir-se ainda hoje no mundo.

Os gregos farão do livro, não mais apenas um instrumento destinado à fixação e à conservação do texto, mas também um suporte da leitura. Apesar da persistência da transmissão oral, os historiadores situam na fase da era clássica o lugar doravante fundamental do livro e da leitura. Grandes bibliotecas helênicas, como a de Alexandria, eram destinadas essencialmente à conservação das obras e à sua classificação. Instrumentos de trabalho para os sábios, eram igualmente sinais ostentatórios do poder das dinastias [Schnapp, 2002].

Da Cultura Oral à Cultura Escrita

Em nossas sociedades, após demoradíssima coabitação, a cultura escrita vai suplantar cada vez mais a cultura oral, a tal ponto que nos parece hoje "natural", intemporal e universal. Contudo, mesmo em nossa época, um grande número de línguas não têm transcrição escrita, e algumas pessoas, nas sociedades ocidentais, não dominam nem a leitura nem a escrita.

Para Amadou Hampâté Bâ, escritor africano, criado numa cultura oral, as sociedades sem escrita têm um senso linear do tempo, ao passo que, para as sociedades alfabetizadas, o senso do tempo é cumulativo:

Quando se reconstitui um acontecimento, o filme registrado se desenrola do começo até o fim, na totalidade. Por isso é que, para um africano da minha geração, é muito difícil "resumir". Ou se conta a totalidade, ou não se conta. [...] Como a cronologia não é a preocupação primordial dos narradores africanos [...], nas histórias africanas, em que o passado é revivido como uma experiência presente, de certo modo fora do tempo, há às vezes um pouco de caos que incomoda os espíritos ocidentais, mas em que nós nos reencontramos perfeitamente. Evoluímos nele perfeitamente à vontade, como peixes num mar onde as moléculas d'água se misturam para formar um todo vivo [Hampâté Bâ, 1992].

A escrita permite aliviar o trabalho de memorização. Antes da generalização da leitura, os eruditos usavam sua memória com uma facilidade que acabamos perdendo. Santo Agostinho fala nesses termos de um de seus contemporâneos:

Era capaz de citar o penúltimo verso de cada um dos livros de Virgílio rapidamente, na ordem e de memória [...]. Se lhe pedíamos, então, para recitar os versos que antecediam cada um daqueles, ele o fazia. E pensávamos que era capaz de recitar Virgílio de trás para diante... E, se quiséssemos passagens em prosa de algum discurso de Cícero que ele houvesse memorizado, podia fazê-lo também [citado por Manguel, 1998].

Passar da tradição oral para a tradição escrita não é apenas mudar de modo de comunicação e de memorização, é também, sublinha Jack Goody, transformar a qualidade das mensagens e modificar as relações com o pensamento. A escrita permite a armazenagem da informação, sua organização (sua ordenação), sua memorização, sua classificação, sua reordenação e também a tomada de distância em relação ao discurso. A escrita permite o que a transmissão oral limitava – a possibilidade de refletir sobre o pensamento, de desprender-se dele, de voltar atrás, de criticar –, modifica a maneira de pensar e de apreender o mundo. A transmissão escrita seria a chave para um desenvolvimento da racionalidade, da objetividade, do espírito científico. A escrita favoreceria o espírito crítico e o distanciamento, a construção de estruturas lógicas e o progresso do conhecimento [Goody, 1979].

Na época do Iluminismo, os intelectuais lhe atribuíam a capacidade de, substituindo a tradição oral, substituir as crenças e as superstições que aquela veiculava por uma concepção racional do mundo. Tornou-se então indispensável apropriar-se do escrito por meio da leitura.

Os Perigos da Escrita, Segundo Sócrates

A escrita se impôs e, como toda mídia nova, inspirou certa desconfiança. Platão conta que Sócrates considerava os livros um embaraço para aqueles que queriam instruir-se, pois o autor não estava presente para mostrar como compreender o significado de seu pensamento. "Mas quando se chegou à escrita: 'Rei', disse-lhe Theuth, 'essa ciência tornará os egípcios mais sábios e facilitará a arte de se lembrar, pois encontrei um remédio para aliviar a ciência e a memória'. E o rei respondeu: 'Engenhosíssimo Theuth, um homem é capaz de criar as artes, um outro é capaz de julgar que parcela de utilidade ou de nocividade elas conferirão àqueles que delas fizerem uso. E é assim que tu, pai da escrita, lhe atribuis, por benevolência, todo o contrário do que ela pode trazer'" (274). Com efeito, ela só pode produzir nas almas o esquecimento do que estas sabem, levando-as a negligenciar a memória. Porque terão fé na escrita, é a partir de fora, mediante impressões alheias, e não a partir de dentro e do fundo de si mesmos, que os homens procurarão relembrar-se. Encontraste o meio, não de enriquecer a memória, mas de conservar as lembranças que ela tem. Dás a teus discípulos a presunção de que têm a ciência, e não a ciência mesma. Quando eles, de fato, tiverem muito aprendido sem mestre, imaginarão que se tornaram sapientíssimos, e, em sua maioria, serão até mais ignorantes de comércio incômodo, sábios imaginários em vez de verdadeiros sábios. [...] Desse modo, portanto, aquele que acredita transmitir uma arte ao registrá-la num livro, como aquele que pensa, ao acolher esse escrito, adquirir um ensinamento claro e sólido, está verdadeiramente repleto de grande credulidade. Sem a menor dúvida, ignora a profecia de Âmon, se imagina que discursos escritos possam ser algo mais que um meio de despertar a lembrança naquele que já conhece o que eles contêm. [...] É que a escrita, Fedro, tem, da mesma maneira que a pintura, um grave inconveniente. As obras pictóricas parecem vivas; mas, se tu as interrogas, elas mantêm um venerável silêncio. Ocorre o mesmo com os discursos escritos. Acreditarias, por certo, que falam como

> pessoas sensatas. Mas, se quiseres pedir-lhes a explicação do que dizem, eles te respondem sempre a mesma coisa. Uma vez escrito, todo discurso rola para todo lado: cai tanto entre aqueles que o compreendem como entre aqueles para os quais não tem interesse; não sabem de modo algum a quem deve falar, nem com quem é bom se calar. Se se vê desprezado ou injustamente injuriado, tem sempre necessidade do socorro do pai, porque não é, por si só, capaz de se defender ou de se socorrer" [Platão, 1950]. Aliás, Platão apresenta os pensamentos de Sócrates sob a forma de diálogos, forma de troca mais oral do que escrita.

Se a simplificação da escrita graças ao alfabeto permitiu o acesso de maior número de pessoas à leitura, o custo do livro, seu formato e o tempo necessário para sua fabricação foram, por muito tempo, um entrave à difusão da escrita. A leitura só pôde desenvolver-se com o progresso das técnicas de fabricação dos suportes da escrita.

2. EVOLUÇÃO DAS TÉCNICAS DE FABRICAÇÃO DO LIVRO

O suporte da escrita evoluiu ao longo das épocas e dos progressos técnicos, contribuindo para a formação da escrita e para o desenvolvimento da leitura.

Da Argila ao Papiro

A escrita cuneiforme e os hieróglifos devem sua forma ao suporte sobre o qual eram inscritos. A escrita cuneiforme era traçada com a ajuda de um prego sobre a argila fresca. O papiro, suporte principal da escrita egípcia, permitia, com a ajuda de uma haste de caniço e de tinta, um traçado de sinais linear, mais simples e geométrico. O papiro era uma planta das margens do Nilo, cujo caule era recortado em tiras, que depois eram coladas juntas. De manuseio muito mais fácil do que a argila ou a pedra, a utilização do papiro, ainda assim, continuava complicada, pois se apresentava em rolos que podiam atingir 40 m de comprimento, desenrolando-se de uma das mãos enquanto a outra enrolava o que era lido. Tal suporte não permitia ao leitor tomar notas, nem comparar diversos textos entre si. Também se empregavam o couro e a pedra, mas, por serem mais caros e pouco maleáveis, eram reservados para os textos importantes.

O Códice

A partir do segundo século depois de Cristo, o códice, um conjunto de folhas de pergaminho de grande porte, substituirá pouco a pouco o rolo. O pergaminho era fabricado de peles curtidas. O velino, mais delgado, provinha da pele de bezerros novos. Podia-se dobrar e costurar as folhas. Oferecia diversas vantagens. De uso muito mais fácil, no Ocidente, custava menos do que os rolos de papiro importados do Egito. Podia-se escrever em cada lado das folhas, com uma pena de ganso, de manuseio mais fácil do que o estilete ou a haste de caniço. Enquanto entre os latinos a leitura era uma prática que se executava principalmente nos lugares públicos, durante os sete séculos que vão da queda do Império Romano até o século XII, quando a Europa foi invadida pelos bárbaros, os mosteiros tiveram o monopólio da cultura livresca e da produção de livros religiosos. Pouquíssimos leigos sabiam ler e escrever, e o próprio Carlos Magno, que se cercava de escribas para redigir as atas oficiais, assinava-as com uma simples cruz. A leitura, feita em voz alta, se praticava somente nas igrejas, nos refeitórios e nos claustros e abrangia apenas os textos sagrados em latim. Ao lado da biblioteca, no *scriptorium*, a única peça aquecida, os monges copiavam em pé. Até o século IX, trabalhavam sob ditado, ou liam em voz alta o texto que copiavam, depois foi imposta a regra do silêncio. Vários podiam trabalhar na mesma obra, ficando alguns encarregados das iluminuras, outros da encadernação. Diferentemente dos escribas antigos, os monges eram simples copistas dos textos sagrados e não tinham privilégios especiais decorrentes de sua capacidade de escrever. Iam exprimir-se através das notáveis iluminuras e caligrafia. As imagens traduziam uma visão de mundo, por meio de numerosos símbolos. As letras eram escritas sem interrupção, o que explica os progressivos desvios de sentido com relação ao texto original, e o intenso esforço exigido pela cópia. Assim escrevia um escriba anônimo no século VIII: "Ninguém pode saber que esforços são exigidos. Três dedos escrevem, dois olhos veem, uma língua fala, o corpo inteiro sofre" [Manguel, 1998]. Jacques Le Goff [1985] diz que os monges contavam o número de páginas e de letras para saberem o número dos anos de purgatório que esse trabalho lhes evitaria. Compreende-se que, de cópia em cópia, os erros se tenham multiplicado. Defensor do cristianismo, Carlos Magno decidiu pela fabricação de cópias novas realizadas com toda atenção a partir dos textos originais.

O Suporte da Leitura Condiciona a Maneira de Ler

Os primeiros livros tinham grande tamanho: entre 35 e 50 cm de altura por 25 a 30 cm de largura, e, por isso, de manuseio difícil. Eram, antes de tudo, o receptáculo da palavra divina e serviam de suporte a uma leitura pública para uma população analfabeta. Eram lidos em voz alta por leitores que marcavam a cadência salmodiando. A leitura era um exercício difícil, porque todas as letras estavam coladas umas às outras. A chegada da pontuação e das maiúsculas se fez progressivamente, com o objetivo de facilitar o trabalho dos leitores. Foram os monges copistas que, num primeiro estágio, indicaram ao leitor, de acordo com o sentido do texto, quando ele devia elevar ou baixar a voz no fim de um pensamento. A partir do século IX, descolaram as palavras umas das outras. Depois apareceram os parágrafos, o que facilitou, sem dúvida, o desenvolvimento da leitura silenciosa [Saenger, 1997].

A Diversificação do Escrito

No fim do século XII e no século XIII, com o nascimento das universidades, o desenvolvimento da instrução dos leigos e o surgimento de uma nova classe burguesa, o monopólio dos monges começou a esboroar-se em favor dos escribas leigos. Estes não tardaram a associar-se em oficinas e guildas. Compunham documentos oficiais e livros. Até então, somente a nobreza e o clero patrocinavam a cópia de livros de luxo, quase sempre missais e manuais de teologia. Com o desenvolvimento das universidades, graças à importância que tomou no ensino medieval a glosa, a discussão e o comentário dos textos, a necessidade de livros acentuou-se, e os livros, escritos em latim, iam daí em diante tratar de filosofia, matemática, lógica, astronomia. A maneira de ler também evoluiu; já não se tratava de decifrar, mas de captar o sentido do texto com a finalidade de poder comentá-lo. Os estudantes mais abastados mandavam reproduzir os textos autorizados, enquanto os menos afortunados tinham a possibilidade de recopiá-los numa livraria autorizada, ou de consultá-los nas bibliotecas universitárias. Estas bibliotecas deixavam de ser consagradas apenas à conservação dos livros, mas também à leitura, facilitada por uma organização específica da classificação. Os catálogos deixaram de ser simples inventários: permitiam a localização geográfica dos livros procurados [Cavallo, Chartier, 1997].

Por intermédio do livreiro, o leitor encomendava a obra que desejava com as ilustrações, a caligrafia e a encadernação de sua preferência. Daí por diante, passou-se a encontrar obras que abrangiam um campo muito mais amplo do que o dos textos sagrados: manuais de todos os tipos (cozinha, medicina, educação), mas também narrativas como a *Chanson de Roland*. No tempo em que a língua escrita era o latim, alguns autores, como Dante, começararam a escrever na língua materna, podendo assim dirigir-se a leitores que sabiam ler, mas não conheciam o latim, que por vários séculos permanecerá a língua internacional. A demanda de leitura não cessará de crescer, a ponto de as oficinas dos escribas terem dificuldade em satisfazê-la. Ter-se-á de esperar a chegada do papel (inventado na China, no século II), mais leve, menos caro, mais fácil de produzir em grande quantidade do que o pergaminho, e a invenção da imprensa no século XV, para que o livro se desenvolvesse ao longo dos anos com a amplitude que ora conhecemos.

A Imprensa

A invenção da imprensa por Gutenberg iria transtornar a relação com a leitura, pois iria permitir produzir em maior quantidade, e a menor custo, obras de manuseio mais fácil. Na época, o contexto era favorável: a demanda não cessava de aumentar e os copistas já faziam um trabalho fracionado e especializado, com vistas a uma produção eficiente. A partir do século XIII, haviam aperfeiçoado seu método para atingir uma produção em série, num espírito de organização racional. O progresso da imprensa é, portanto, essencialmente técnico e reúne três elementos indispensáveis: os tipos móveis de metal, o prelo e a tinta gorda.

Numa primeira etapa, não era o caso, para o impressor-livreiro, de apenas inventar uma nova apresentação do texto, mas de competir com os escribas, imitando a escrita manuscrita. Grandes espaços eram deixados para iluminuras semelhantes àquelas que adornavam os códices. Depois, a imprensa ganhou autonomia e alçou seu voo, possibilitando a multiplicação dos livros em toda a Europa e contribuindo para dar à língua falada uma forma escrita. Foi no início do século XVI que nasceram as dinastias de impressores, que aliavam qualidades de gravadores, fundidores e tipógrafos. A cada categoria de obras e, por conseguinte, de leitores correspondiam, como no tempo dos manuscritos, tipos de caracteres. Para os livros de escolástica ou de direito canônico, empregavam-se os caracteres góticos; para os livros narrativos, na maioria escritos em língua vulgar, os caracteres bastardos (feitos de grossos e finos); para os livros clássicos e os escritos humanistas, os caracteres romanos. Progressivamente, os caracteres vão unificar-se num tipo único. O caractere romano se disseminará por toda a Europa, exceto a Alemanha e os Países Baixos, que manterão a letra gótica [Febvre, Martin, 1958].

Formatos Diversificados para Formas Diferentes de Leitura

Iriam aparecer formatos diferentes que permitiam um uso da escrita e uma forma de leitura diversificada. O tamanho da folha de impressão é único, mas, dependendo do caso, essa folha é dobrada um número maior ou menor de vezes e o tamanho do texto impresso depende do número previsto de páginas. Encontrava-se, assim, desde o maior formato – o in-fólio, que precisava de estante do coro – ao menor – o in-16, que permitia o transporte e uma leitura mais fácil. A partir do século xv, os pequenos formatos eram utilizados nos livros destinados ao grande público: livros de devoção e livros de horas, obras de literatura popular, que não cessarão de desenvolver-se [Gilmont, 1997]. Desde o início do século xvi, as poesias latinas e humanistas, as obras de Marot, Rabelais, e as dos poetas da Pléiade são publicadas em formato pequeno, ficando os grandes formatos reservados ao estudo. As leituras eruditas do Renascimento foram facilitadas pela invenção da roda de livros, em cuja circunferência se sucediam muitas estantes com os livros abertos. Esse mecanismo permitia o acesso rápido a diversos livros. Podia-se, assim, comparar ou confrontar diversas obras ao mesmo tempo.

O formato transportável do livro transformou-o em objeto pessoal, numa sociedade em que o individualismo abria caminho. Essa possibilidade de ler sozinho sem dúvida permitiu a um grande número de pessoas adquirir algumas qualidades como um espírito analítico, estruturas lógicas, distanciamento crítico. O espírito crítico se desenvolve, o intelectual não é mais aquele que comenta os textos sagrados, mas aquele que produz ideias novas, leigas e críticas. Os historiadores situam entre 1520 e 1540 a consumação do livro impresso, desligado do modo manuscrito, abrindo a porta para os textos contemporâneos. Os preços baixaram, o livro tornou-se um objeto mais comum, a tal ponto que os inventários *post-mortem* deixaram de descrever com exatidão a constituição das bibliotecas cujo acervo aumentava. O título da obra passou a ser transcrito na lombada da capa, a fim de possibilitar encontrá-lo no meio de um grande conjunto de livros dispostos na vertical. Em pleno século XVII, as formas do texto continuaram a modificar-se, a lisibilidade melhorou, os formatos tornaram os livros mais manuseáveis, e sua paginação mais agradável, graças ao surgimento dos parágrafos, dos recuos e das mudanças de linha [Febvre, Martin, 1958].

A Mecanização: Do Livro ao Impresso

Somente no final do século XVIII é que surgiu nova mudança na edição francesa. Enquanto a imprensa sofria um processo de concentração, Didot inventava, em 1785, a prensa metálica, que permitiu principalmente a impressão de folhas de grandes formatos, ao mesmo tempo em que, graças ao progresso da mecanização, aperfeiçoava-se a fabricação do papel em bobinas. Enquanto, até 1783, tiravam-se trezentos exemplares dessas folhas por dia, a invenção da prensa moderna nos Estados Unidos, em 1846, permitiu a tiragem de 95 mil por hora. A invenção do linotipo, máquina que fundia em bloco de chumbo cada linha de caracteres composta a partir de um teclado, permitiu finalmente acelerar a composição dos textos. Esses progressos abriram a porta para o advento dos jornais, dos impressos comerciais e das ilustrações em várias cores [Thiesse, 1984; Kalifa, 2001].

Daí por diante o impresso foi destinado a uma imprensa de informação e de opinião, e a uma imprensa especializada e científica. O impresso teve por missão não apenas informar, mas também convencer; era o vetor da propaganda política por cartazes e periódicos. Em 1836, Émile de Girardin lançou o diário *La Presse*, cujo preço da assinatura anual não cobria sequer os custos de produção, mas, para auferir lucros, contava com os anúncios publicitários. Em 1886, o *Journal Illustré* foi o primeiro diário a publicar uma reprodução fotográfica. Esse avanço da imprensa irá galvanizar o desenvolvimento de novas técnicas, principalmente em razão da necessidade de impressão rápida e de ilustrações documentais, do que o livro tirará proveito indiretamente [Lyons, 1997].

O Livro Eletrônico

No final do século XX, o livro eletrônico faz sua aparição. Com a ajuda dos cartões de memória, que se podem comprar ou baixar na internet, torna-se possível ver aparecer na tela todos os tipos de livro. Graças ao aumento da capacidade de armazenagem, passa a ser enorme o número de obras disponíveis num único disco. Com o aparecimento da tinta eletrônica, o leitor poderá, num único e mesmo suporte, não apenas consultar obras, mas também tomar notas, sublinhar, riscar o texto com a ajuda de um simples estilete. O livro eletrônico guardará na memória não somente a obra original, mas também as anotações do leitor. Este ainda terá a possibilidade de usufruir da capacidade de armazenagem do computador, aproveitando-se ao mesmo tempo da facilidade de manuseio do livro.

Desse modo, conforme o uso do texto que se quiser fazer, será possível escolher suportes apropriados diferentes: o papel, o disquete, o disco compacto (CD), o livro eletrônico...

3. EVOLUÇÃO E ESPECIALIZAÇÃO DOS OFÍCIOS DO LIVRO

Durante muito tempo, os livros permaneceram confidenciais, nas mãos dos clérigos, depois o aumento da demanda, os progressos técnicos, a baixa dos custos de fabricação fizeram do livro um objeto acessível a um público crescente. Progressivamente, o trabalho em torno do livro especializou-se e apareceram novos ofícios. Numa primeira fase, livreiros, impressores, editores não se distinguiam uns dos outros. A fabricação e a venda das obras eram feitas de duas grandes modalidades: pelos livreiros ou pelos vendedores itinerantes e "feirantes". Cada um desses ofícios tinha um *status* social diferente, mas obedecia às mesmas obrigações legais. Quanto ao autor, levou algum tempo para que tivesse reconhecida sua existência legal.

O Livreiro e o Impressor

A palavra "livreiro" apareceu no século XII, época em que sua função não era o comércio do livro, mas a criação ou a cópia de manuscritos. Essencialmente, eram os monges que a exerciam por conta de seu mosteiro.

A partir do século XIII, antigos copistas instalaram-se nas cidades universitárias. Chamados "livreiros estacionários", faziam, além das cópias de manuscritos antigos ou coetâneos, as traduções de textos gregos ou latinos, cujos originais mantinham consigo, preocupados com a conformidade das cópias ao original. Recebiam essa denominação após uma investigação prévia para comprovar sua boa reputação e competência profissional, ocupavam um lugar social dentro da burguesia local e usufruíam dos privilégios universitários, mediante o cumprimento de algumas obrigações. Eram, sobretudo, depositários de livros que passavam de geração em geração de professores e alunos. A fim de não contribuírem para uma escassez artificial dos livros em benefício próprio, tinham a obrigação de anunciar publicamente as obras que estavam em seu poder.

Numa primeira fase, os impressores eram artesãos itinerantes que se deslocavam de cidade em cidade para realizar aqui e ali as encomendas dos livreiros. A instituição, no século XVI, de uma associação de mestres impressores lhes dará condição de fixar-se e alcançar um *status* social mais elevado (próximo do dos ourives, já que, como estes, manipulavam metais). Foi então que se misturaram o ofício de impressor e o de livreiro. Tanto um quanto o outro podiam ter uma loja, vender livros que eles próprios escolhiam. Alguns, para sobreviver, vendiam paralelamente pergaminho, papel e fabricavam tinta [Leblanc, 1998].

Livreiro, Impressor e Editor

Graças à imprensa, que facilitava a fabricação dos livros, e em virtude da expansão de uma burguesia mercantil que se aplicava à leitura, os livreiros puderam, daí por diante, deixar de contentar-se com o simples atendimento da demanda, e passaram a propor obras que não lhes tinham sido encomendadas. A partir de então, tomaram iniciativas em matéria de manuscritos a editar, pela única preocupação de agradar a um público em potencial. Determinando o formato em que os livros deviam ser impressos, exerciam uma influência efetiva sobre o destino do livro. Conforme o tamanho escolhido, o livro seria votado ou a uma leitura pública e controlada, ou a uma leitura individual e autônoma.

Não se limitando à edição de textos antigos ou religiosos, os livreiros abriram o caminho para uma leitura de textos contemporâneos. Efetivamente, desde o século XVI, a profissão, numa lógica de desenvolvimento, estimulou a difusão da leitura da maneira mais ampla possível. A livraria passou a ser um lugar de produção, de divulgação e um ponto de encontro entre humanistas. Os livreiros contribuíram para a codificação da língua francesa, e para a sua fixação (em virtude de não precisarem reeditar textos que se alteravam constantemente), para a publicação de dicionários e de tratados de gramática [Febvre, Martin, 1958]. Portanto, os textos começaram a propagar-se amplamente entre leitores que liam para si mesmos, ou liam em voz alta para um círculo íntimo de pessoas.

Quase sempre a maioria dos exemplares de uma edição eram encontrados num mesmo livreiro, que possuía o privilégio do título. Não existia, portanto, concorrência entre livreiros. O leitor é que se encarregava da brochagem ou da encadernação das obras, de vez que estas eram vendidas "em branco" ou "em folhas". Os leitores mais ricos exigiam exemplares luxuosos, distinguindo-se com isso dos menos afortunados, e a posse de livros dependia, em parte, de um consumo ostentatório.

A palavra "editor" apareceu em 1730. Tratava-se, então, do livreiro letrado que sabia escolher livros de qualidade, capaz de discernir o escritor que fosse capaz de agradar sua clientela e de envolver-se politicamente ao publicar determinados pensadores. Nisso distinguia-se do livreiro, considerado um simples comerciante de livros, incapaz de avaliar a qualidade de uma obra, ou de estimular os escritos. A partir do século XIX, o editor torna-se o principal elo da cadeia do livro. Ele descobre os autores, solicita obras escritas, faz encomenda ao impressor, garante a divulgação junto aos livreiros, estimula os gostos do público.

Os Vendedores Itinerantes, os Feirantes e os Ambulantes

Os vendedores itinerantes ou bufarinheiros desempenharam importante papel na circulação e no comércio do escrito. Desde o início da imprensa, transportaram em seus "fardos" impressos, estampas em folha única e, mais tarde, livretos de "*colpor-*

tage"*. Não tinham o direito de estabelecer-se num lugar para vender, tampouco podiam imprimir ou mandar imprimir. Esses vendedores constituíam a única ligação entre os livreiros e o povo, principalmente rural, que não frequentava as livrarias. Possibilitavam aos livreiros conhecer o gosto do público, recolhendo os encalhes e reclamando os escritos que tinham sucesso. Foram eles, portanto, que levaram as populações menos favorecidas do Terceiro Estado a conhecer o escrito, e que difundiram por toda a sociedade os textos proibidos.

Os feirantes, ou ambulantes, desempenharam importante papel na difusão da leitura. Esses vendedores compareciam às grandes feiras e tinham o direito de vender livros, ao passo que os itinerantes só podiam sugerir livretos sem valor destinados ao povo. Equipados com carros, transportavam livros sem encadernar, pesados e caros, para as feiras internacionais. Estabeleceram, desse modo, as trocas entre os livreiros europeus. Autorizados a usar depósitos, ou mesmo lojas, para armazenar a mercadoria, e obrigados a conhecer os livros para lhes avaliar o interesse e o preço, seu trabalho aproximava-se do do livreiro. Por isso, com o declínio das feiras no final do século XVIII, não tiveram dificuldades em estabelecer-se.

Os Autores

Somente muito mais tarde é que surgiu o autor, no sentido em que o entendemos hoje. Numa primeira fase, era aquele que traduzia os textos latinos ou alemães, podendo eventualmente ser remunerado pelo trabalho de tradução. Até o final do século XVI, o autor era tanto aquele que redigia um texto

---

* Obras populares de pequeno formato, muito diversas, como almanaques, obras pias, contos de fada, romances sentimentais, guias práticos de agricultura etc., que eram vendidas pelos ambulantes entre os séculos XVI e XIX. Em alguns casos, semelhantes ao nosso cordel (N. do E.).

como aquele que descobria um manuscrito esquecido. Somente em 1624 é que apareceu a noção do direito de propriedade sobre um texto. Tratava-se de um privilégio instituído para os textos cujo autor ainda era vivo. Era concedido ao autor que, de modo geral, o vendia ao editor livreiro. Essa venda era definitiva. A única possibilidade de continuar proprietário de seu texto era, portanto, publicá-lo "por conta do autor", prática extremamente rara. O livreiro podia revender esse privilégio a outro livreiro. Em caso de não haver recompra, o privilégio caía no "domínio público". Os autores não eram remunerados; no entanto, tinham direito a alguns exemplares de seu escrito impresso. No mais das vezes aristocratas, não precisavam ser recompensados pelo que teria sido, então, considerado um trabalho. Quando não eram nobres, porém, alguns recebiam pensões de protetores benevolentes, entre os quais o próprio rei. Somente no início do século XVIII é que alguns herdeiros de autores (entre eles os de La Fontaine) tentaram receber rendimentos provenientes das obras de um de seus pais desaparecido. No final deste século, foi concedido ao livreiro o privilégio da exclusividade da edição dos livros novos e por uma duração de dez anos. Quanto aos outros textos, podiam ser reproduzidos por todos os livreiros que o desejassem. Com a abolição dos privilégios, uma lei de 1793 promulga a propriedade do autor sobre os frutos de seu trabalho. Todo exemplar publicado sem sua autorização era suscetível de apreensão. O autor gozava do direito exclusivo de vender e distribuir suas obras no país e, com sua morte, esse direito revertia aos herdeiros [Leblanc, 1998].

Pouco a pouco distinguia-se a imagem do autor; se, numa primeira fase, supunha-se que reunisse ideias pertencentes a todos, doravante o autor é aquele que apresenta ideias de maneira pessoal e particular. Será considerado responsável, nos mesmos termos que o impressor e o livreiro, pela possível circulação e difusão de textos proibidos. O depósito legal, já obrigatório (obrigação de apresentar uma cópia da obra às autoridades a fim de obter a autorização da publicação), mas pouco respeitado, tornou-se necessário porque permitia provar a propriedade da obra. Doravante, o livro deixava de ser um produto fabricado pertencente ao livreiro, para tornar-se a produção intelectual e artística de um autor.

4. A INDUSTRIALIZAÇÃO DO LIVRO

Os séculos XIX e XX assistiram à grande expansão do reino do impresso, graças a uma conjunção de progressos técnicos associados a novas condições sociais, econômicas e políticas. O desenvolvimento das vias de comunicação, em virtude das estradas de ferro e dos barcos a vapor, a invenção do telégrafo e, depois, do telefone, o advento da fotocomposição e a operação das máquinas por computador possibilitaram um aumento ainda maior da produção e da difusão, além de reduzir os custos de fabricação. A demanda de leitura cresceu, graças à generalização do alfabetismo, ao crescimento da renda média, à redução do tempo de trabalho. Enfim, o homem egresso da Revolução, a fim de exercer a democracia, devia ser instruído e informado para participar da vida coletiva.

A Concorrência e a Emulação Entre a Imprensa e o Livro

Embora o livro tivesse um *status* superior ao do jornal, ainda permanecia o fato de que a imprensa passava a representar a maior parte do texto impresso. A imprensa e o livro começam a competir entre si. Para vender cada vez mais, a imprensa vai inovar, tirando proveito da rapidez dos novos meios de comunicação. Além da invenção dos romances-folhetim, irá imaginar novas diagramações. Apareceram as manchetes e pesquisas tipográficas sobre os caracteres usados. Os livros seguiram o mesmo diapasão e, para competir com esses romances-folhetim, editaram então, a preços mais modestos, os romances de quatro cêntimos*, depois (1850), "La Bibliothèque Nouvelle" ofereceu o livro de um franco, em 1905 os "livros populares", de 65 cêntimos. Assistia-se a uma floração de magazines pedagógicos comprados pelas famílias abastadas. Os manuais escolares não tardaram a representar uma parcela importante do mercado do livro, contribuindo assim para fazer a fortuna das casas editoriais, como a criada por Louis Hachette, graças, principalmente, às cartilhas ilustradas. Este editor tinha começado, em 1863, a publicação do *Dictionnaire de la Langue Française*, redigido por Littré.

A partir de então, o editor e o público de leitores serão os personagens principais, enquanto o livreiro passará da arte de fazer para a de vender. De artesão que era, passa a ser um comerciante, mas comerciante de um produto cultural. Falta apenas um passo, consequentemente, para que o livro se transforme numa mercadoria, e a leitura, num consumo.

O Livro: Um Produto de Massa

Desde o fim do século XIX teve lugar um movimento de concentração da produção do impresso e de sua distribuição. Hachette produzia livros, jornais e periódicos, e possuía dois canais de difusão mediante a concessão da venda de livros nos quiosques de estação ferroviária obtida em 1852 e as empresas de transporte destinadas a garantir a distribuição nos locais de venda.

O número de gráficas passa de 506, em 1811, para quatro mil em 1914; cada cidade contava com pelo menos uma. Em 1880, as maiores casas editoras possuíam a sua. Essas gráficas se desen-

---

* Torna-se difícil, aqui, qualquer conversão monetária. Muito vagamente, em função dos preços vigentes no mercado editorial brasileiro de hoje (de R$ 15,00 para cima), poderíamos imaginar esses livros muito baratos custando R$ 2,00 ou R$ 3,00 na nossa realidade (N. do T.).

volveram e perderam o aspecto artesanal. O número de operários aumentou, verdadeiras fábricas foram construídas onde o terreno e a mão de obra eram mais baratos. O trabalho racionalizou-se, a administração fez a lei. O apoio financeiro dos bancos permitiu a construção dessas "fábricas de livros". Em 1840 eram publicados 6200 títulos; em 1913, 32000 [Barbier, 2001]. Os editores tornaram-se os donos do jogo. Cada um queria produzir a maior quantidade possível ao menor custo e diversificar a produção para aumentar o número de leitores. Esforços serão feitos para uma apresentação mais densa do livro, que precisasse de menos papel, para desenvolver uma técnica industrial de encadernação, para oferecer mais facilmente ilustrações graças à cromolitografia. Assim podia-se colocar lado a lado um mesmo título numa edição luxuosamente ilustrada e numa edição barata.

Pouco a pouco o livro tornou-se um objeto concebido para corresponder aos gostos de uma clientela diversificada, que era necessário seduzir e atrair. Os jornais publicaram notas publicitárias para louvar as qualidades dos autores. Rebentou uma polêmica entre os editores e os críticos, aqueles censurando estes por não serem suficientemente eficazes para fazer aumentar as vendas [Leblanc, 1998]. Multiplicaram-se as livrarias abertas para a rua, apresentando as obras em vitrine, assim como "barracas de livros" ao ar livre, sebos nas calçadas, livrarias de estação ferroviária, vendedores de pregão. As formas de propaganda desenvolveram-se, assim como os preços de ocasião, as ofertas de desconto.

Na década de 1950, na Hachette, nasce o livro de bolso, livro colado, com a capa cartonada ilustrada, fazendo assim sua própria propaganda. Esse livro barato foi associado, por uns dez anos, à ideia de uma cultura com desconto, uma cultura de bolso. Apesar das polêmicas sobre os riscos de uma vulgarização da cultura e do livro (alguns autores recusaram-se a publicar nessa coleção), o livro barato não parou de se desenvolver. No ano de 2002, representa um terço dos livros vendidos, dezoito milhões de exemplares, 13% do montante dos negócios editoriais franceses; em 2005, 16%. Em 2005, o livro de bolso representa 32% dos exemplares produzidos e 23% da produção em títulos. A concentração do mundo da edição vai, sem dúvida, acentuar-se. Na década de 1980, dois grandes grupos dominavam o mundo do livro na França: Hachette e Presses de la Cité. No final do século xx, esses dois grupos tinham-se tornado filiais de grandes multinacionais, respectivamente Lagardère e Vivendi Universal, cuja atividade dedicada ao escrito representa pequena parte de seu domínio. Em dezembro de 2002, a Vivendi Universal Publishing seria comprada pela Lagardère SCA, 60% de cujas ações estão nas mãos de investidores estrangeiros. As autoridades da Comissão Europeia responsáveis pela concorrência, considerando a existência de um risco de "abuso de posição dominante", exigiram que a Lagardère não ficasse com a integralidade das atividades de edição e distribuição da Vivendi; mantivesse apenas 40% destas, passando os 60% restantes à Editis (Wendel Investissement). Em 2004, a Le Seuil foi retomada pela La Martinière e, em 2005, as edições de Cherche-Midi foram compradas pela Editis, a Masson pelo grupo anglo-holandês Reed-Elsevier, e Le Rocher pela Privat.

A consequência dessa mudança é que pouco a pouco os livros se tornam um produto industrial, que alguns dizem ter dificuldade em distinguir dos bens de consumo corrente, cuja característica é serem intercambiáveis, fabricados de acordo com a demanda, em prejuízo da criação literária e artística. Rapidamente chegou-se à percepção de que alguns livros eram mais rentáveis do que outros, mas, numa primeira etapa, considerava-se que os livros de vendagem fácil possibilitavam a existência e a edição "com prejuizo" dos livros mais difíceis. Diderot [1763], em sua obra *Lettre sur le Commerce de la Librairie*, ressaltava a particularidade desse comércio onde, de seis obras publicadas, duas ou três pagam os custos necessários, seis ou sete dão prejuízo e uma única dá lucro. Antigamente, a tarefa do editor consistia em descobrir os talentos literários de sua época, mas também em desenvolver um fundo editorial de obras destinadas a virar clássicos cuja venda devia fazer-se em várias gerações de leitores. Doravante, tenta-se minimizar o número de obras que não são imediatamente rentáveis, desprezando a constituição do fundo editorial e preferindo editar livros destinados a um vasto público. Agora, o editor é convocado a descobrir, mais do que o talento, a capacidade de vender muito e depressa.

A baixa do custo de fabricação do livro e a esperança de ver em cada novo título um possível *best-seller* levam os editores a publicar cada vez mais títulos, que permanecem cada vez menos tempo à venda. Entre 1988 e 1993, a produção de títulos aumentava 25%, enquanto o número de exemplares caía 16% (40% a partir de 1980). Em 2000, foram vendidos 354 milhões de exemplares (+6% em relação a 1999), mas as tiragens baixaram 1,3%. No começo da temporada de 2002, 1233 livros (663 romances, 570 ensaios e documentos) foram publicados contra 1045 no ano anterior. O número de títulos de obras que aparecem a cada ano não para de aumentar, já que a produção dobrou em vinte anos. Em 2001, 157,7 milhões de exemplares de livros foram emprestados em bibliotecas, 359,5 milhões de obras foram vendidos (das quais 29,5% de livros de bolso, segundo o Syndicat National de l'Édition). Em 2005, atinge-se o montante de 460 milhões de exemplares, para 68433 títulos editados, sendo a metade reedições, a outra metade, novidades.

Os produtos que tiveram maior sucesso, além dos *best-sellers*, são as histórias em quadrinhos, os livros para a juventude e as chamadas "obras de consumo corrente", como os livros práticos, os guias, dicionários, enciclopédias e romances do tipo Harlequin, seguidos em último lugar pelas obras da literatura culta.

As editoras competem entre si e lançam sucessivamente produtos muito parecidos, a ponto de Fabrice Piault falar de "panurgismo" das editoras [Rouet, 1992; Piault, 1995]. Tudo é pretexto para livro (principalmente as novelas de televisão, os filmes, as crônicas, os eventos esportivos, culturais, políticos etc.), e a forma do livro se modifica graças aos progressos técnicos de fabricação e de encadernação (em espiral, de capa mole ou dura, impermeável). Os livros podem conter até 1 500 páginas. O setor de livro para crianças não para de crescer. O livro pode estar associado a um disco, transformar-se em decoração em três dimensões, ser animado, ser lido com óculos especiais para ver em relevo. As editoras exploram o menor segmento de mercado relativo ao público potencial, oferecendo obras sobre assuntos cada vez mais especializados. Não hesitam em lançar, copiando-se umas às outras, os mesmos tipos de obras, a ponto de produzirem muito mais do que os leitores podem absorver [Piault, 1995].

II. A Leitura e as Instituições

Por indispensável que seja, o desenvolvimento das técnicas de fabricação e divulgação do impresso não é suficiente para impor a prática da leitura. Esta pressupõe não só a existência do texto escrito mas também o desenvolvimento de uma capacidade de ler. Adquirida inicialmente pela elite social, foi estimulada pelas instâncias religiosas e, depois, pelas do Estado. Extraordinário instrumento de propaganda, mas também de conhecimentos, de formação, de emancipação, não esteve o escrito sempre sob a tutela, incentivadora ou repressiva, mais ou menos pesada e eficiente, dos poderes públicos? Que formas de controle foram instituídas?

1. O NASCIMENTO DO LEITOR: PAPEL DA
   IGREJA E DO ESTADO

Reservada inicialmente aos clérigos, mediadores dos textos religiosos para a coletividade, que praticavam a leitura em voz alta, a leitura tornou-se depois o apanágio de uma elite social, antes de ficar acessível ao conjunto da população, graças aos progressos da alfabetização no século XVIII e ao desenvolvimento das escolas primárias no século XIX.

A Leitura, Aposta da Difusão das Ideias Religiosas, Ferramenta de Propaganda das Igrejas

No século XVI, um teólogo romano ainda afirmava que o livro sobre o qual se fundamentava a Igreja devia permanecer um mistério, interpretado apenas sob a autoridade do papa. Em 1534, o Parlamento proibia ler e comentar as Escrituras sem a autorização da Faculdade [Febvre, Martin, 1958]. Foi no decorrer desse século que os hereges protestantes reivindicaram o direito de todos de lerem para si mesmos as Sagradas Escrituras, sem testemunha nem intermediário. Costuma-se pensar que foi a Reforma que, ao preconizar o acesso de todos aos textos religiosos, incentivou a leitura individual da Bíblia, abrindo desse modo a porta à interpretação pessoal dos textos pelos indivíduos. Na verdade, os historiadores acreditam que protestantes e católicos, juntos, por meio dos debates que suscitaram, é que estimularam e controlaram o desenvolvimento da leitura individual dos textos sagrados. A partir do momento em que a difusão das ideias tornou-se uma jogo de poder, a instrução como instrumento que possibilitava a propaganda seria desenvolvida.

Em meio às lutas religiosas, protestantes e católicos desenvolveram a alfabetização a fim de difundir suas ideias o mais amplamente possível entre o povo. Foi então que, graças à criação de escolas, praticou-se o ensino da leitura, transformada numa aposta política e religiosa fundamental. Os protestantes, conquistando um número cada vez maior de adeptos, organizaram o ensino da leitura e da escrita não só entre a burguesia, mas também entre as classes populares. Assim, foi Lutero o primeiro a preconizar a criação de escolas para moças e rapazes, de vez que a leitura era útil a todos: aos homens, para exercer seu ofício, às mulheres para dirigir o lar e instruir no cristianismo tanto os filhos quanto os empregados. De seu lado, a Contrarreforma, para combater a crescente influência do protestantismo, organizou uma instrução em favor dos pobres. Ao mesmo tempo surgiram inúmeras "escolas de caridade", que, por meio do catecismo, iriam iniciar grande número de pessoas na leitura [Febvre, Martin, 1958]. Para facilitar a compreensão e a memorização, e para despertar a imaginação, esse texto era ilustrado com imagens.

Se a população, muito rapidamente, teve acesso ao escrito graças a intermediários que sabiam ler, o acesso pessoal ao texto aconteceu lentamente, no ritmo em que a instrução se disseminava. Numa primeira fase, entre os leigos, foi a elite que teve acesso direto à leitura. Sua formação foi confiada, essencialmente, aos jesuítas. A partir do século XVII, embora se considerasse que as mulheres deviam conhecer apenas os bons princípios e a maneira de dirigir a casa, parte da burguesia e da aristocracia entendeu que seus filhos deviam aprender gramática, ortografia e cálculo.

Em 1679, Jean-Baptiste de la Salles fundou a primeira comunidade dos Irmãos das Escolas Cristãs, que se dedicou à escolarização gratuita dos pobres. Nas aldeias, era a comunidade aldeã que contratava um mestre chamado "regente", mantido sob a supervisão da Igreja. Como esta proibia a escola mista, as moças foram excluídas, até que para elas foram abertas escolas gratuitas dirigidas por congregações femininas.

O livro penetrou com mais rapidez e persistência no meio protestante. Diz Roger Chartier [1987] que, entre 1645 e 1672, 70% dos inventários *post mortem* de protestantes da cidade de Metz arrolavam livros e entre os católicos apenas 25% deles. Além de serem os que mais possuíam livros, os reformados eram donos de um número muito maior de obras do que os católicos: os burgueses protestantes tinham dez vezes mais livros e os profissionais liberais três vezes mais que seus congêneres católicos. Essa situação ainda perdurava na segunda metade do século XVIII. No ano 2000, ainda se verifica na Europa uma diferença na prática da leitura entre os países do Norte, protestantes, e os países do Sul, que se mantiveram católicos.

Para ajudar os católicos, Luís XIV suprimiu as escolas protestantes. Estabeleceu o princípio da escola obrigatória sob a responsabilidade do Estado e o controle da Igreja católica. Todavia, inúmeras escolas foram abertas em todas as cidades e em muitas aldeias. Até a metade do século XVIII, as bíblias, os catecismos, os livros de orações eram as obras de acolhida mais ampla. Na Revolução, 50% dos franceses e 30% das francesas eram alfabetizados. A alfabetização desenvolveu-se primeiramente nas aldeias, depois nos campos, no Norte da França e depois no Sul. Mas a alfabetização ainda não significava prática da leitura.

A Instrução se Torna Assunto de Estado:
A Leitura, Instrumento de Democratização

No final do século XVIII, a instrução tornou-se um assunto do Estado e não mais um dever da Igreja. A Revolução estabeleceu o princípio: o Estado era responsável em matéria de educação.

Em 1791-1792, Condorcet [1994], membro do Comité d'Instruction Publique encarregado da reforma das instituições escolares, em sua obra *Cinq Mémoires sur l'Instruction Publique*, atribuiu à escola primária a missão de transmitir ao povo o legado do pensamento iluminista, especialmente a racionalidade e a defesa da liberdade. A escola devia ser o instrumento de regeneração do Homem e da sociedade, a instrução devia tornar cada pessoa digna da Revolução e abrir a humanidade aos progressos intelectuais e morais. Devia ser gratuita, leiga, para todos. Tais ambições eram impossíveis de realizar e o domínio do Estado viu-se reduzido ao ensino secundário e superior dos rapazes.

Todos os franceses foram estimulados a ler e as classes dominantes, julgando que a instrução contribuiria para melhorar a produção, preocuparam-se com instruir os camponeses, os operários e os empregados domésticos. Mais do que para propagar a alfabetização, a escola serviu, sobretudo, para unificar a língua e oficializar o falar parisiense mediante a instituição de códigos e regras em detrimento dos jargões que continuaram línguas orais.

Na presunção de que "a instrução primária universal é doravante uma garantia da ordem e da estabilidade social", Guizot estabeleceu, em 1833, que toda comuna de mais de quinhentos habitantes era obrigada a manter uma escola pública. Manuais escolares foram redigidos e difundidos. Em menos de vinte anos, o número de escolas dobrou. A lei Duruy, de 10 de abril de 1867, instituiu a gratuidade da escola primária para os pobres. Incentivou também os cursos para adultos e o desenvolvimento das bibliotecas nas comunas e nas escolas [Gaulupeau, 1997]. A III República instaurou, em 1880, a escola primária leiga e gratuita para todos. Em 1890, 90% da população estava alfabetizada; doravante, poderia diminuir a diferença entre cidades e campo, entre homens e mulheres, entre ricos e pobres.

A escola contribuiu amplamente para familiarizar a população com os livros, mantendo ao mesmo tempo seu aspecto sagrado. Assim, a distribuição dos prêmios de fim de ano consagrava o livro como objeto precioso, recompensando solenemente o trabalho do aluno.

2. A EMANCIPAÇÃO DO LEITOR

O uso da leitura e a escolha dos textos fugiram da tutela dos poderes estabelecidos, e o leitor procurou nos livros coisa diferente da palavra institucional. Instruídos a ler a palavra sagrada, os leitores emancipam-se e procuram uma leitura que lhes convenha, tanto para distrair-se quanto para instruir-se, ou para abrir-se ao pensamento das Luzes. Como bem mostra Henri-Jean Martin [1972], no século XVIII, a difusão do livro ampliou-se, seu conteúdo tornou-se mais diversificado, mas ele atinge as diversas camadas da sociedade de maneira desigual. Não tinha a mesma apresentação nem o mesmo conteúdo, conforme fosse dirigido para a elite ou para o povo. No entanto, como essas fronteiras não eram estanques, as práticas de leitura se disseminaram ao mesmo tempo em que se transformavam.

A Leitura da Elite

A posse de livros, no começo, era um privilégio da elite por motivos econômicos e culturais. A nobreza de espada ignorou a leitura, que considerava da alçada do clero, e desprezava o culto burguês à referência escrita. Para ela, o livro era antes de tudo um objeto, luxuoso e ricamente decorado, ornado com suas armas. Para obter acesso à produção literária, preferiu continuar na tradição oral, recorrendo aos poetas que ela sustentava. Para que ela voltasse para a leitura, teve-se de esperar o século XVII, quando sua juventude era formada pelos jesuítas. No entanto, mais livre no tocante à autoridade do escrito, é ela que, em seus gostos literários, adotará de forma mais espontânea a novidade.

Desde o início do século XVI, a nobreza de toga e a burguesia de ofício formaram bibliotecas que irão crescer de geração em geração, aparecendo como um símbolo de êxito social. No começo, essas bibliotecas eram constituídas de obras relacionadas com as Sagradas Escrituras e os Padres da Igreja, os clássicos gregos e latinos, o direito romano e monárquico, a história e, secundariamente, tratados de medicina e de ciências naturais [Martin, 1972].

Rica e aberta às ideias novas, a burguesia esclarecida mostrou-se sôfrega de leitura desde o início do impresso. Na época do Iluminismo, aproveitar-se-á da rede de vendedores itinerantes para prover-se de textos proibidos dos *philosophes* como Voltaire, Rousseau ou Diderot [Roche, 1998].

O livro foi o cimento da sociabilidade culta e mundana. Durante os séculos XV e XVI, os humanistas anotavam os textos nas margens ou em páginas que eram deixadas em branco, com comentários, comparações com textos já lidos ou com acontecimentos de sua vida. Esses comentários destinavam-se às pessoas e amigos que fossem levados a ler a obra que era emprestada.

Desse modo, Montaigne enche *Les Essais* de citações de outros autores, mostrando a contribuição de cada uma de suas leituras na progressão de seu pensamento. As mulheres da nobreza, no curso dos séculos XVII e XVIII, animarão lugares de leitura em voz alta e praticarão, como Madame de Sévigné, uma correspondência continuada. As mulheres da burguesia praticavam uma leitura religiosa edificante e depois ampliaram seu horizonte de leitura. Todavia, essas leituras deviam continuar restritas ao campo das atividades domésticas.

A leitura tornou-se não apenas um meio de instruir-se, mas também uma distração e um elemento de distinção. Enquanto no campo a leitura ainda se praticava de forma "intensiva", pois se liam e reliam sempre os mesmos textos religiosos, os letrados preconizavam uma "leitura extensiva", sinal de abertura às novidades. Desprezavam a incultura das pessoas do povo que se limitavam a uma leitura repetitiva, que lhes parecia vazia de sentido [Gilmont, 1997]. No século XVIII, os textos deixaram de ser apenas religiosos e não mais estavam sujeitos diretamente à autoridade da Igreja. Impõem-se outros textos, transmitindo conhecimentos de todo gênero, textos profissionais ou filosóficos, romances. A prática da leitura tornou-se mais diversificada, individual, silenciosa, privada, portanto não mais sujeita ao controle de outrem, feita por e para si. Integrava-se à vida cotidiana e se praticava na solidão do gabinete de trabalho, agora dotado de uma biblioteca abastecida de livros variados.

O Acesso de Todos ao Escrito

Não era preciso, necessariamente, saber ler e muito menos possuir livros para ter acesso ao escrito. Então, pode-se estimar que todas as classes sociais podiam ter em mãos um escrito. Graças aos livros devocionais, aos livretos de *colportage*, até os analfabetos tiveram relação próxima com o escrito, que era lido, repetido, e ao mesmo tempo ilustrado. O desenvolvimento das cidades permitiu a progressiva impregnação do povo, porque a vida citadina facilitava a difusão oral e coletiva do escrito por intermédio de diferentes redes sociais. Os pregoeiros, os camelôs, os anunciadores divulgavam as notícias relativas a fatos comuns ou políticos que eram objeto de debates e comentários nas tabernas, nas oficinas e lojas, nas confrarias de ofício. Circulavam diferentes tipos de impresso: letreiros, cartazes (em folha volante impressa no reto com texto e imagem, fixados nas paredes e clandestinos, criticavam o rei e sua corte), pasquins (folhetos de papel ordinário, que tratavam de fatos diários, de catástrofes ou de coisas sensacionais) e livretos de astrologia. As caricaturas, as imagens grotescas e os panfletos veiculavam as ideias contestatárias.

No século XV, 78% dos textos eram impressos em latim e o restante em língua "vulgar", a língua utilizada pelo povo [Febvre, Martin, 1958]. Um dos primeiros livros introduzidos na zona rural foi o almanaque, em 1493. Foram concebidos para oferecer conselhos práticos sobre a vida cotidiana do maior número de usuários, aliando ideogramas e textos escritos. Ao lado dos livros religiosos e dos almanaques, a literatura popular dispunha dos livretos de caráter prático que davam conselhos sobre os períodos de semeadura, sobre a medicina, a cozinha, a magia, as vidas dos santos. Em 1534, o romance de Rabelais, *La Vie Inestimable du Grand Gargantua*, publicado em francês, obteve grande sucesso popular. A tradição oral persistia, pois todos esses escritos, na maioria das vezes, eram lidos no serão por um membro da família.

Atribui-se o mérito do incentivo à leitura popular aos impressores-livreiros de Troyes, aos quais se deve a publicação da "Bibliothèque Bleue", livrinhos vendidos, a partir do início do século XVII, por ambulantes e destinados especificamente a um público popular. Localizados perto das fábricas de papel e no cruzamento de diversos eixos de circulação, forneciam aos ambulantes esses livrinhos a preços módicos. O papel e a impressão eram de qualidade ruim, os textos eram tirados de maneira mais ou menos aleatória de obras publicadas pelos livreiros. Eram destinados a um público específico e os textos podiam ser simplificados, abreviados ou censurados, se fossem considerados imorais ou subversivos. Tudo isso tornava difícil a leitura. Na maioria das vezes, eram lidos ao público por alguma pessoa. A "Bibliothèque Bleue" oferecia romances de cavalaria, contos de fada, manuais de civilidade, livros práticos, obras religiosas, almanaques e histórias populares até então transmitidas oralmente.

A partir da segunda metade do século XVIII, com a difusão de livros de conteúdos variados e formatos diversos, com a diminuição de seus custos e o aumento da instrução, a leitura tornou-se uma prática silenciosa que se generalizou e individualizou e as preferências de leitura se diferenciaram:

Em Paris, todos leem [...]. Todas as pessoas – e sobretudo as mulheres – trazem um livro no bolso ou na bolsa. Leem no carro, no passeio, no teatro, durante o intervalo, no café, no banho. Nas lojas, as mulheres, as crianças, os profissionais, os aprendizes leem. No domingo, todos leem, sentados na frente de sua casa; lacaios leem na banqueta traseira dos coches, cocheiros em seus assentos, os soldados montando guarda... [citado por Wittmann, 1997].

No fim do século, o livreiro-editor, com o objetivo de desenvolver seu comércio, mostrou-se cada vez mais atento à demanda da maioria dos leitores. Seguindo uma lógica econômica que se compreende muito bem, o editor irá publicar mais obras que correspondam aos gostos da maioria do que obras identificadas com os desejos da elite.

O acesso ao escrito se generaliza, mas a elite e o povo não tinham acesso aos mesmos livros e adotavam uma prática diferente. Essa diferença manteve-se no século XIX. A burguesia comprava livros na livraria e lia na biblioteca, enquanto as camadas populares recorriam às vendas por correspondência, aos quiosques de estação ferroviária, aos bazares e aos empórios. Alain Corbin [1986] indica que, na primeira metade do século, a compra de um romance novo custava um terço do salário mensal de um trabalhador agrícola; era por isso que Paris tinha um grande número de gabinetes de leitura chamados "lojas de ler". No mais das vezes, eram pequenas barracas localizadas ao longo das avenidas e mantidas por modestos lojistas ou pequenos comerciantes que, com a promoção de livros (principalmente romances) e a permissão de consulta *in loco* dos jornais em troca de alguns centavos, garantiam um pequeno complemento de renda. Perto de quarenta mil parisienses, estudantes, burgueses, caixeiros, artesãos, camareiras, costureiras, roupeiras e prostitutas, passavam ali longas horas lendo. Alguns operários, apesar das longas jornadas de trabalho, liam com o propósito de instruir-se, e de libertar-se de sua condição, mas a maioria dos autodidatas eram artesãos, que dispunham de tempo livre numa atividade menos regular do que a imposta pela fábrica.

A Paixão pelo Romance e sua Influência nos Gostos Femininos

Os primeiros romances, como *Le Roman de la Rose*, faziam parte da literatura cortesã, depois apareceram os romances de cavalaria [Febvre, Martin, 1958]. Contudo, ainda no século XVIII, o romance não era uma forma artística reconhecida. Em 1740, representava 2,6% do mercado do livro; em 1880, 11,7%. Existem, então, não só mais títulos como mais exemplares. Teve-se de esperar o primeiro quartel do século XIX para que fosse reconhecida a qualidade de expressão literária clássica da burguesia. Nas décadas de 1880-1890, os romances representavam mais da metade dos empréstimos nas bibliotecas públicas de Paris.

No final do século XIX, mulheres e homens eram alfabetizados em termos iguais, mas suas leituras eram diferentes. As mulheres é que vão ler os romances e estimular o desenvolvimento da imprensa feminina, que oferecia receitas, normas de bem-viver, moda. Em 1866, *La Mode Illustré* publicava 58 mil exemplares e o livro *La Cuisine Bourgeoise* vendia cem mil exemplares. Os editores propunham romances para as senhoras, textos que nada tinham a ver com a literatura iluminista, cujo intuito era instruir. No espaço doméstico, as mulheres trocavam entre si livros e romances-folhetim, mesmo que a imagem que davam de si próprias fosse a de uma mulher dedicada aos afazeres domésticos, fazendo do livro um "prazer furtivo". Anne-Marie Thiesse [1894] relata esse testemunho do final do século:

> Eu recortava e encadernava os folhetins do jornal. Nós os passávamos entre as mulheres. Sábado à tarde, os homens iam para o café e as mulheres vinham jogar cartas em nossa casa. Sobretudo trocávamos, então, nossos folhetins, coisas como *Rocambole* (que apareceu na imprensa de 1859 a 1870) ou *La Porteuse de Pain* (que apareceu entre 1880 e 1900).

Os grandes autores de folhetim foram E. Sue, A. Dumas, P. Féval, P.-A. du Terrail, X. de Montépin. Em geral, fora dos folhetins e, às vezes, das crônicas diárias, reservava-se aos homens a leitura dos jornais, dos quais, às vezes, liam trechos à mulher, censurando as passagens que esta não precisava conhecer [Lyons, 1997].

A Leitura Infantil

A obrigação do ensino primário instituída em 1880 por Jules Ferry não deixou de ter consequências para o mundo da leitura e da edição. Uma parte mais importante do impresso foi dedicada às crianças. De início, eram publicados magazines e literatura para crianças para satisfazer uma demanda das famílias cultas. Foram editados diversos tipos de obra. As vendas mais importantes da primeira metade do século XIX foram representadas pelas *Fábulas* de La Fontaine. A literatura fantástica, como os contos de Perrault ou os contos dos irmãos Grimm, retomava, em grande parte, histórias tiradas da cultura popular, adaptadas para as crianças, dando-lhes principalmente um final mais moral ou menos triste. Toda a literatura infantil tinha objetivos pedagógicos e científicos e preconizava uma moral leiga [Lyons, 1997]. No século XIX, a importância do mercado dos manuais escolares (entre eles métodos pedagógicos de cartilhas ilustradas) fizeram a fortuna de editoras como a de Louis Hachette. Logo os editores compreenderam a importância da imagem para transmitir o texto. Os livros ilustrados desenvolveram-se e surgiram os álbuns de imagens e os livros para colorir. Em 1857, a Hachette lançou *La Semaine des Enfants* que publicava os romances da Condessa de Ségur em folhetins; em 1864 Hetzel criou *Le Magasin d'Éducation et de Récreation*, que publicou os romances de Júlio Verne.

3. O ENQUADRAMENTO DO LEITOR

A partir do momento em que o indivíduo pôde ter acesso ao texto, sem um mediador, adquiriu uma liberdade que se tentará canalizar mediante a orientação da escolha de suas leituras. Lutero, ardoroso defensor do aprendizado da leitura, já se queixava, em 1520, do número de livros inúteis, ou mesmo danosos:

> Quanto aos livros teológicos, também se deveria reduzir-lhes o número e escolher os melhores. Já não era necessário ler muito, mas ler coisas boas e lê-las com frequência, por pouco que seja. É isso o que torna sábio e ao mesmo tempo piedoso nas Sagradas Escrituras [Gilmont, 1997].

Assim, rapidamente, quando o acesso à leitura estendeu-se a toda a população, viu-se que havia boas e más leituras. As classes dominantes desdenhavam a literatura contemporânea e valorizavam principalmente os clássicos e os poetas latinos. Embora a burguesia condenasse a leitura dos livrinhos de *colportage*, por veicularem magia, superstição, em detrimento de uma leitura benéfica, estimava que o almanaque era o meio mais eficaz de transmitir o conhecimento às pessoas do povo. O povo devia ler, para ser mais bem formado e abrir-se para o progresso, sem no entanto encontrar nas leituras elementos de autonomia que lhe permitissem libertar-se de sua condição. Os políticos, na grande maioria, pensavam que a leitura de obras educativas, bem como da literatura clássica contribuiria para tornar o operário um ser racional. A leitura de entretenimento era considerada inútil: servia apenas para passar o tempo e colocar o leitor num estado de dependência condenável (sobretudo as mulheres) e de introversão, em prejuízo dos afazeres diversos e da moral. Até mesmo a comunidade médica, denunciando os efeitos "devastadores do romance, no qual se concentra o jogo do desejo e do proibido" [Corbin, 1986], previne contra as leituras não vigiadas dos servos e das mocinhas. No entender da burguesia, a leitura dos romances-folhetim pelas classes subalternas era nociva e malsã. As revoltas de 1848 foram atribuídas à difusão de uma literatura subversiva e socialista. Os patrões e os reformistas esperaram que, graças a "boas leituras", pudessem evitar a leitura de obras consideradas subversivas e atenuar a tensão social. As bibliotecas destinadas aos operários ofereciam autores clássicos e a Bíblia. No entanto, o público popular recusava-se a curvar-se às prescrições e a ler livros que a burguesia considerava úteis e educativos. Foram abertas por operários bibliotecas de empréstimo que atendessem a seu próprio desejo de uma cultura livre do controle da burguesia e da Igreja. Nessas bibliotecas encontravam-se autores julgados perigosos para a moral e a ordem estabelecida, como Voltaire e Rousseau, George Sand, Proudhon [Lyons, 1997]. Para os detratores da leitura de romances, esses lugares eram "bordéis e lugares de perdição moral" que propagavam seu "arsênico espiritual entre os grandes e os humildes, os jovens e os velhos" [Wittmann, 1997].

Multiplicaram-se formas de edição adaptadas aos diferentes tipos de leitores. Graças principalmente à "Bibliothèque Bleue", menos cara e mais fácil de ler, o leitor popular poderá ter acesso a uma leitura eclética, porque agora todos os textos podem circular em todas as camadas sociais, e sob formas diferentes. Atualmente, os poderes públicos tentam adotar, dentro de uma política cultural coerente, medidas capazes de estimular o grande público a ler livros "literários" e desenvolver o gosto de ler. Desde 1981, foram organizados eventos nacionais como o Salão do Livro ou o Furor de Ler, que segue o modelo da Festa da Música, rebatizada a partir de 1993: Tempo dos Livros.

4. A CENSURA

Orientar a escolha das leituras é um modo de atuar sobre os leitores. Uma forma mais radical de controlar o escrito é a censura, cujo objetivo é controlar os textos impressos, os autores, os impressores e os livreiros. Sempre os poderes têm-se mostrado desconfiados com respeito ao escrito; seu desejo é que se propague apenas a palavra oficial. Voltaire, em 1765, num folheto satírico intitulado *De l'Horrible Danger de la Lecture*, escrevia: "Essa facilidade de transmitir seus pensamentos tende, evidentemente, a dissipar a ignorância, que é a guardiã e a salvaguarda dos Estados muito policiados".

A censura pode assumir diferentes aspectos, incitativo ou coercitivo, manifestar-se de maneira mais ou menos direta e declarada, situar-se em diferentes fases, que vão da fabricação à venda da obra. Ela apareceu verdadeiramente a partir do momento em que a imprensa permitiu o acesso direto aos textos amplamente difundidos.

A Censura da Igreja

Do século XIII à metade do XVIII, a principal instância de controle foi a Universidade, colocada sob a autoridade religiosa. Ela fixava o preço de venda e de locação das obras, a margem de lucro do livreiro, autorizava ou proibia a publicação de um texto. Fiscalizava o mercado do pergaminho e do velino. Controlava os impressores e livreiros, que, em troca, eram beneficiados pelas vantagens concedidas à Universidade. Todo livro devia ser examinado pelas autoridades eclesiásticas antes de sua publicação e obter o *imprimatur*. O índex dos livros proibidos foi concluído em 1564 e foi-lhe acrescentada uma lista de condições a respeitar no tocante à tradução da Bíblia. Teve-se de esperar até 1966 para ver desaparecer o índex dos livros proibidos pelo Vaticano: nessa época, ele continha textos relativos à religião, mas também textos de Voltaire, de Diderot e de Graham Greene.

A Censura do Rei

A censura do poder político, antes de ganhar autonomia, foi instituída progressivamente ao lado da eclesiástica. A Sorbonne designava os textos a serem condenados e o rei editava os textos necessários ao cumprimento das decisões da Universidade. Francisco I proibiu, sob pena de morte, toda impressão de livros novos, depois voltou a autorizá-la desde que fossem submetidos ao controle e autorização prévia, com uma limitação do número dos impressores. Durante esse período, os escritos protestantes (principalmente as 95 teses de Lutero em 1523) foram queimados, junto com aqueles que os haviam publicado. Muitos impressores exilaram-se em Genebra, na Holanda ou em Neuchâtel, e constituiu-se uma rede clandestina de difusão, por intermédio dos vendedores itinerantes.

A partir de 1553, o poder real exigiu que, em cada livro, se estampasse a permissão de imprimir do Parlamento; de 1566 em diante, a permissão virá diretamente do rei.

O século XVII foi um período em que pululavam os regulamentos sobre a censura. Esta tinha duas razões de ser: a vontade do rei de controlar a circulação e a difusão das ideias, a vontade corporativista dos livreiros de se protegerem das contrafações. A partir de 1618, todo impresso era apresentado ao Chanceler, que emitia uma autorização de publicar, chamada privilégio do Rei. O privilégio era concedido ao livreiro com a exclusividade da publicação de um título.

Os livreiros, os editores e os vendedores itinerantes eram passíveis de esquartejamento e da fogueira, se fossem surpreendidos em flagrante delito de venda de escritos protestantes. Luís XIV, julgando que o impresso devia estar a seu serviço, reorganizou a censura. Colbert ordenou o fechamento das oficinas que tivessem um único prelo, com receio de que, por não ter muitas encomendas e para manter seus mestres oficiais, o impressor fosse tentado a imprimir textos curtos, satíricos ou difamatórios. Proibiu igualmente a formação de novos mestres impressores. A partir de 1686, cada livro era obrigado a estampar a permissão real e o privilégio referente ao monopólio econômico do livreiro. Rapidamente a permissão e o privilégio acabaram por confundir-se uma com o outro [Netz, 1997].

Os livros censurados abrangiam, na maior parte, escritos protestantes ou jansenistas sobre o conflito entre Luís XIV e os jesuítas, em face dos pensadores de Port-Royal, principalmente Pascal, que teve seu livro *Les Provinciales* condenado. Os outros escritos proibidos eram panfletos sobre a atualidade política e romances mundanos de escândalo que descreviam a vida dissoluta na corte.

No século XVIII, os textos proibidos mudaram de caráter. Não eram mais textos produzidos pela Reforma, mas que punham em dúvida o poder real ou o poder religioso, principalmente as obras filosóficas (impressas, no mais das vezes, no exterior) de Voltaire, Diderot e d'Alembert, que atraíam sobretudo os leitores das classes dominantes: aristocratas, homens da Igreja, burgueses e intelectuais [Darnton, 1991]. Em 1759, 40% dos prisioneiros da Bastilha tinham sido detido por motivos ligados à legislação do livro.

Da Censura Prévia à Censura Repressiva

A Constituição de 1791 estabelecia que ninguém podia ser perseguido por ter imprimido ou editado, salvo por uma decisão de justiça, mas, a partir da queda da realeza, os periódicos monarquistas foram fechados. A censura reapareceu, na forma de um sistema que se assemelhava ao do Antigo Regime: regularização da censura prévia, limitação do número de oficinas tipográficas, registro e vigilância dos livreiros e vendedores itinerantes, controle das importações, tudo isso sob a responsabilidade do ministro do Interior. Somente a partir de 1815 é que o princípio da supressão da censura prévia referente aos livros será definitivo.

Quando os livros iam perder seu caráter subversivo em política em proveito da imprensa de opinião, uma lei de 1819 estabeleceu a base da censura repressiva: "Todo ultraje à moral pública e religiosa, ou aos bons costumes (por meio de escritos, impressos ou desenhos) [...] será punido com prisão de um mês a um ano, e multa de 16 a 500 francos". Foram condenados autores como Baudelaire por *Les Fleurs du Mal* (1857), Verlaine por *Les Amis* (1868), Flaubert por *Madame Bovary* (1857), Eugène Sue por *Les Mystères du Peuple* (1857). O objetivo era proteger os alicerces da sociedade da época – a família e a natalidade – e fazer respeitar a inocência ameaçada, especialmente a da mulher e da criança. Nesse período é que serão estabelecidos os argumentos contra a censura em virtude da qualidade literária da obra, tida como capaz de garantir a impunidade diante de uma acusação de imoralidade: "A moral da Arte consiste em sua beleza", escrevia Flaubert sobre o processo movido contra *Madame Bovary* (1856). Desde 1881, salvo durante as duas guerras mundiais e a guerra da Argélia, a censura preventiva desapareceu na França e afirmou-se o princípio da liberdade. Essa liberdade, porém, é limitada: são proibidas a incitação ao crime e ao delito, a publicação de notícias falsas, a injúria, a difamação, a ofensa a um chefe de Estado, a afron-

Os Libertinos

Os libertinos expressaram sua vontade de emancipar-se das regras morais e religiosas dos séculos XVII e XVIII. Em sua maioria, são protestantes que, preocupados com a tranquilidade, se converteram ao catolicismo. Ao introduzir uma problemática humanista, representaram uma corrente de pensamento importante. Adeptos de Epicuro, rejeitando o tomismo oriundo de Aristóteles, ligam o naturalismo do Renascimento à razão crítica dos filósofos do Iluminismo. Reivindicam o individualismo, o repúdio de toda e qualquer submissão a uma autoridade superior, venha ela do Estado, da moral ou da religião, e acreditam no progresso da ciência.

Alguns libertinos do século XVII aliaram em seus escritos erotismo e subversão, obscenidade e rejeição da opressão. Savinien de Cyrano de Bergerac é seu representante literário. Pierre Gassendi representa a vertente filosófica da libertinagem. Don Juan, personagem de Molière, é a própria imagem do libertino, e a peça será proibida após algumas apresentações.

No reinado de Luís XIV viu-se a condenação à morte de vários deles. Para fugir da censura, desenvolveram uma técnica literária: a escrita da dissimulação; sob a aparência de um conformismo, contestam o pensamento dominante. Empregarão certas formas de retórica como o eufemismo, a alusão, a antífrase, a ironia, raciocinar num sentido e concluir em outro, expor de maneira ambígua de tal modo que daí se possa deduzir ideias que caminham no sentido oposto àquele que se espera, usar de subentendidos, frases de duplo sentido, utilizar o mecanismo da dupla contradição. Recorrerão igualmente a gêneros menores da literatura como o burlesco, que permite a expressão de ideias audaciosas sob uma forma que as desqualifica, as evocações narrativas de mundos antigos ou distantes, as ficções filosóficas [Bernier, 2001; Cavaillé, 2002]. Essa forma de escrita necessitava de uma certa cumplicidade do leitor, que não devia encerrar-se no sentido mais imediato do texto.

ta aos bons costumes. Cabe ao tribunal julgar se esses limites são ou não respeitados. Em alguns períodos, formam-se associações para defender e representar perante os tribunais aqueles que se consideram ofendidos. Os julgamentos que decorrem dessas queixas refletem a evolução dos costumes. No entender de alguns, a censura está nas mãos dos interesses privados, e as condenações pecuniárias dos editores considerados culpados equivalem ao exercício de uma censura financeira que, embora mais discreta, é tão destruidora quanto a censura prévia. Somente a literatura e o impresso destinados à juventude continuam fiscalizados de perto. Nesse fim do século XX, a censura manifestou-se no caso das teses racistas e revisionistas que surgiram, uma vez que, na questão da literatura pornográfica, a censura limitou-se a proibir a afixação de cartazes. Com a chegada da comunicação pela internet, começaram a surgir novos problemas no controle da circulação internacional do escrito, problemas que estão longe de ser resolvidos [Netz, 1997].

Pode-se atribuir a diminuição da censura literária a diversas causas: a liberalização dos costumes, a dúvida do legislador quanto à capacidade da leitura de transformar o leitor, aos outros meios de comunicação mais utilizados e mais influentes do que o livro, como a televisão, o cinema, a canção, os *videogames*, a respeito dos quais continua-se a indagar qual a parte que têm na escalada da violência no seio das sociedades contemporâneas.

5. AS POLÍTICAS DO LIVRO E DA LEITURA

No século XX, a possibilidade de publicar um livro dependia menos do teor moral de seu conteúdo do que da possibilidade de ser comprado pelo maior número de pessoas. No fim do século XX, não havia bons ou maus livros: havia aqueles que se vendiam rapidamente e em grande quantidade e os outros, em situação perigosa porque não eram imediatamente rentáveis e logo eram destruídos. Era, pois, de temer, em função da industrialização do livro, uma forma diferente de ataque à liberdade de expressão e de criatividade do autor, assim como à do leitor na escolha de suas leituras. Sendo um produto, o livro é submetido às regras econômicas que regem o universo da indústria. O mundo da edição e da distribuição se concentra, e a produção de obras diversifica-se cada vez mais. Os grandes bancos tornam-se importantes parceiros mais preocupados com a rentabilidade do que com a cultura. Os progressos técnicos permitiram a publicação das obras de menor custo e as editoras podem lançar um grande número de títulos na expectativa de que, entre estes, alguns terão tiragens muito grandes. Paradoxalmente, quando o número de títulos publicados não para de aumentar, os poderes públicos ficam inquietos, porque essa pletora de livros abarrota as livrarias, sufoca a criação que algumas pequenas editoras ainda tentam manter [Bordieu, Mollier, 1999].

O Estado Lança uma Política de Incentivo e Proteção do Escrito e da Leitura

Até a década de 1970, os poderes públicos procuraram proteger e encorajar os autores. A Caisse Nationale des Lettres, criada em 1957, tinha por encargo apoiar os escritores e os projetos editoriais difíceis. Dispunha de pequenos recursos e ocupava-se essencialmente da proteção social dos escritores. Depois, na segunda metade do século XX, os poderes públicos mostraram a preocupação de proteger a criação literária que a evolução do mundo das edições numa economia liberal pusera em perigo. Durante as décadas de 1960 e 1970, o Estado exprime o desejo de promover o desenvolvimento da leitura. Georges Pompidou, primeiro-ministro, tentou ser o defensor das bibliotecas públicas e, em 1964, organizou um comitê interministerial sobre a leitura: as bibliotecas municipais passarão por grande desenvolvimento quantitativo, tornar-se-ão mais atrativas, o número de profissionais aumentará e o serviço de bibliônibus para as comunas rurais se estenderá às comunas de mais de vinte mil habitantes. Dessa data em diante, a oferta de leitura é uma preocupação do serviço público, fato confirmado pela criação, em 1968, do serviço da leitura pública da Direction des Bibliothèques et de la Lecture Publique. De 1980 a 1999, o número de bibliotecas subiu de 930 para 3560, e o de empréstimos anuais de sessenta milhões para 190 milhões.

Em 1971, em razão do relatório intitulado *Pour une Politique Française de l'Édition*, começou-se a refletir sobre a possibilidade de instaurar uma política da edição que se julgava necessária para proteger a qualidade das obras, a sobrevivência do livro e de seus leitores. Então, irão defrontar-se duas concepções sobre o papel do Estado. Para os adeptos de uma política liberal, o Estado não devia intervir economicamente. Devia deixar que as leis do mercado atuassem sobre os livros e limitar-se a incentivar a leitura entre o público e desenvolver os equipamentos. Para os outros, o Estado devia intervir na economia do livro, favorecer a criação literária e artística, a qual não pode ser deixada nem exclusivamente à iniciativa privada, regida pela preocupação da rentabilidade comercial, nem unicamente ao Estado, que poderia utilizá-la como instrumento de propaganda. Como o livro não é um produto igual aos outros, deve ser objeto de uma ação combinada entre o Estado e os editores. O relatório do Comité de l'Édition du VIe Plan, temendo pelo futuro da criação verdadeira, ressalta o desenvolvimento "industrial" da edição:

> Não nos estaríamos arriscando a ver o florescimento de produtos editoriais neutros, esterilizados, perfeitamente adaptados à civilização de massa, mas vazios de toda substância? E será que o escritor mais ou menos assalariado, engrenagem de uma gigantesca máquina cultural, não irá matar o escritor criador? [Pingau, Barreau, 1982].

A prioridade concedida aos interesses econômicos pode causar inquietações sobre a qualidade cultural das obras editadas.

São favorecidos, em detrimento de uma literatura de qualidade, os livros publicados por grandes editoras (pertencentes a um grande grupo financeiro), que tiram proveito de um apoio midiático maciço e de uma distribuição eficaz.

Em 1975, cria-se a Direction du Livre et de la Lecture, ligada à Secretaria de Estado para a Cultura, com a missão de preparar e implantar a política da leitura pública e do livro. Deve tratar das questões oriundas da "criação, edição, difusão, distribuição e promoção do livro na França e no exterior". A política do livro e da leitura será estabelecida em harmonia com os profissionais envolvidos: autores, editores, livreiros, bibliotecários.

No curso da década de 1980, o governo socialista declara a leitura "a prioridade das prioridades". Será implantada a política do preço único do livro, serão buscadas soluções para combater um novo problema detectado ao longo desses anos, o iletrismo*, e será criado nas bibliotecas um modo de pagamento de direitos autorais.

A Lei sobre o Preço Único do Livro

Os poderes públicos tomaram consciência do risco de desaparecimento dos livreiros, considerados o "elo frágil" da cadeia do livro. Estimam que os livreiros têm papel importante a desempenhar na defesa da leitura de qualidade e devem ofertar um "fundo" importante, aconselhar e orientar o leitor para obras de qualidade e oferecer um serviço na vizinhança próxima. Em 1974, a criação da FNAC, que oferecia um desconto de 30% sobre os preços sugeridos, e o desenvolvimento dos hipermercados e grandes lojas, que vendiam obras a preços mínimos, colocavam

---

* Embora tenhamos assimilado o neologismo, devemos esclarecer que seu conceito equivale ao que, no Brasil, se denominou "analfabetismo funcional", referente a milhões de pessoas que, embora rudemente alfabetizadas, leem com dificuldade e sem capacidade crítica (N. do T.).

em perigo o futuro da rede de livrarias tradicionais. Por isso é que, em 1981, a lei Lang instituiu o preço único: daí por diante o editor fixa o preço do livro em qualquer lugar de venda, e o livreiro pode dar ao comprador um desconto máximo de 5%. Muito criticada e ridicularizada durante dez anos, acusada pelas grandes lojas de ser protecionista e pelos consumidores de ser inflacionária, ficou claro que ela favoreceu a concorrência não mais no setor econômico mas na qualidade do serviço prestado. Não impediu o recuo da livraria tradicional da vizinhança, nem a concentração das editoras. Mas permitiu que as livrarias mais ativas se reestruturassem, se adaptassem a uma gestão mais racional, ou mesmo se reagrupassem para reduzir os custos de funcionamento, de promoção e de incentivo à leitura.

Todos os países não adotaram a mesma política em favor do livro. Alguns preferem incentivar acordos interprofissionais entre distribuidores, livreiros e editores. Outros dão toda a liberdade na matéria. A comissão europeia, de inspiração liberal, não é favorável à lei Lang.

A Luta Contra o Iletrismo

Se o analfabeto é incapaz de identificar as palavras, o iletrado pode decifrar uma frase palavra a palavra, mas não apreende seu sentido. Ao mesmo tempo em que a atenção dos docentes e dos responsáveis pela educação nacional se concentrava no problema do fracasso das crianças no aprendizado da leitura, o iletrismo de adultos manifestou-se como um problema social. Mostrou-se ligado à crise do emprego e ao crescimento do desemprego, que obrigaram os trabalhadores pouco qualificados que procuravam ocupação a voltar a ser escolarizados nos estágios de formação ou de inserção, deixando visíveis suas dificuldades diante do texto. O movimento ATD Quart Monde foi o primeiro, em 1978, a alertar a opinião pública e o Estado para esse problema. O primeiro-ministro do governo socialista, em 1984, criou um grupo interministerial de luta contra o analfabetismo e o iletrismo. Esse grupo está na origem de um relatório, *Des Illetrés en France*, que leva em conta apenas os não-imigrantes que vivem na metrópole, que, pelo fato de não dominarem um texto escrito, têm dificuldades para integrar-se na sociedade francesa, de crescente complexidade. A desigualdade diante do texto escrito seria o sinal evidente da fratura social, e a exclusão seria ao mesmo tempo causa e consequência do iletrismo, uma vez que a leitura é uma ferramenta indispensável de comunicação e integração. Ao mesmo tempo, esse relatório insiste na falta de informações sobre o iletrismo e na necessidade de fazer um balanço da questão e um recenseamento do "tecido social" capaz de agir para atenuar o problema (a educação nacional, as políticas sociais relativas à infância e à família, as políticas culturais). Trata-se de criar uma rede de "solidariedade do saber", porque a luta contra o iletrismo deve ser travada paralelamente a outras ações em favor do desenvolvimento da informática, da inclusão dos jovens, de uma política nacional de formação [Espérandieu, Lion, Bénichou, 1984]. Prevê-se imediatamente uma campanha nacional de luta contra o iletrismo, e são encorajadas a informação e a reflexão. Foi constituído o Groupe Permanent Contre l'Illetrisme (GPLI), encarregado de definir de maneira precisa e analisar o iletrismo. Com efeito, são múltiplas as definições de iletrismo. Os estudos vão-se multiplicar e deixar de lado aqueles que até então ocupavam-se do aprendizado da leitura: os responsáveis escolares. Assim o Ministério da Cultura, o das Questões Sociais, o Observatório France-Loisirs, a Unesco, a OCDE, as universidades, o CNRS, a BPI vão realizar ou financiar estudos, acompanhados de artigos na imprensa, de obras de jornalistas e do trabalho de alguns órgãos como o GPLI, a Association Française pour la Lecture (AFL), o ATD Quart Monde.

A partir da década de 1980, sociólogos e autoridades políticas vão-se interessar pelo problema, e as mídias lhe atribuirão uma importância desproporcional. O iletrismo assume um aspecto de "doença social", e é traçado um retrato típico do iletrado: vive envergonhado, se esconde, evolui num nada cultural, não pode desenvolver-se e, ademais, seu iletrismo o levaria à incapacidade de exprimir-se oralmente. O iletrado é apresentado como um enfermo, um deficiente, um mutilado; quando a pessoa se refere ao iletrismo, fala de sintomas, de diagnóstico a fazer, de doença contagiosa a erradicar, uma vez que se trata de um perigo associado à marginalidade e à delinquência, perigo oculto e desconhecido.

Alguns vão procurar delimitar a população dos iletrados e compreender como chegaram a essa situação. Outros vão preferir indagar-se o que é a leitura, o que são os leitores em nossa sociedade moderna, para compreender melhor o que pode ser a não-leitura, que não é totalmente o iletrismo, nem o analfabetismo. Outros, enfim, vão colocar o problema no plano da sociedade, indagando-se o que se pode tornar uma sociedade que conte com um grande número de iletrados, e então o iletrismo será visto como o sinal de uma disfunção social, que ultrapassa a exclusiva questão da leitura.

Na França, segundo A.-M. Chartier [1992], existem dois polos extremos e antagônicos que situam de maneira muito diferente a fronteira entre os leitores e os iletrados. Esses dois polos situam-se em torno da posição do ATD Quart Monde e a da AFL. Essas posições estão estreitamente ligadas às origens e às missões de dois protagonistas:

– a do ATD Quart Monde, para quem iletrismo e pobreza são indissociáveis: deve-se promover o acesso à leitura, suprimindo a desconfiança que esta provoca. É necessária uma abordagem tanto funcional quanto cultural no tocante às crianças e a seus pais;

– a da AFL, para quem é importante, para enfrentar a vida cotidiana, que os indivíduos sejam "leiturizados", isto é, que não se contentem em saber decifrar, mas sejam capazes de compreender sem esforço diferentes tipos de texto; é necessária uma abordagem sociopolítica do problema, pois a escola não é a única que pode remediá-lo.

Sem negar a existência de um problema relativo à leitura, alguns sociólogos vão matizar as tomadas de posição dos atores principais. Para além das interpretações sobre a definição do iletrismo, que refletem mais o papel e as aspirações daqueles que as apresentam do que uma realidade, vão definir o iletrismo como uma construção social correspondente a um determinado período. Com efeito, não há uma definição exata do iletrismo; cada um oferece uma visão diferente, de acordo com o lugar que ocupa e com o papel que desempenha na sociedade. Os discursos sobre o iletrismo nos ensinam mais sobre quem fala dele do que sobre os próprios iletrados [Laé, Noisette, 1985; Pudal, 1992; Lahire, 1999]. Os iletrados são objeto de jogos, de contendas entre diferentes instituições que lutam para legitimar sua própria definição de iletrismo [Horellou-Lafarge, Segré, 1997].

Em 1998, o iletrismo continua sendo uma das prioridades nacionais na lei de orientação sobre a luta contra as exclusões. Depois de ser criticado vivamente, o GPLI é dissolvido e substituído pela Agence Nationale de Lutte Contre l'Illetrisme (ANLCI), associação de interesse público criada no ano 2000. Esse grupo é encarregado de reunir e otimizar os meios alocados pelo Estado, pelas coletividades territoriais e empresas para a luta contra o iletrismo, contar os iletrados, avaliar o impacto das medidas e das políticas adotadas.

O *Direito Autoral e as Bibliotecas*

Depois do relatório Borzeix sobre *La Question du Droit de Prêt dan les Bibliotèques* [1998], realizado a pedido dos ministros da Cultura e da Comunicação do governo Jospin, o Parlamento votou, em 10 de junho de 2003, uma lei que modifica o código da propriedade intelectual, cujo objetivo é remunerar o empréstimo de biblioteca e reforçar a proteção social dos autores. O relatório

Borzeix levava em conta as posições dos vereadores e dos profissionais do livro. Os editores e alguns autores defendiam um pagamento no ato de empréstimo. Outros autores e os bibliotecários opuseram-se a isso, em função do perigo que representaria para o desenvolvimento da leitura pública. A lei estipula que o empréstimo dá direito a uma remuneração em proveito dos detentores de direito (autores e editores), os quais não podem opor-se ao empréstimo de uma de suas obras por uma biblioteca pública. Parte dessa remuneração cabe ao Estado e às coletividades locais e outra parte é paga pelos fornecedores (livreiros e atacadistas) às bibliotecas na forma de uma percentagem (6% do preço público) de suas vendas; em contrapartida, os fornecedores se beneficiam de uma limitação do desconto que dão às bibliotecas. Parte dessa remuneração é paga ao autor e ao editor de acordo com o número de exemplares comprados a cada ano e a outra parte será destinada a um fundo de aposentadoria em proveito dos autores.

III. Ler, um Aprendizado Escolar Determinante

Supõe-se que aquele que consegue ler textos passou por um aprendizado da leitura. Este é feito, durante os séculos XIX e XX, dentro da instituição escolar, e suas modalidades se transformam e refinam à medida que evoluem as necessidades da sociedade, as aquisições das ciências cognitivas e as modificações dos objetivos que a instituição escolar fixa para si mesma. Bastará, porém, o aprendizado escolar, que ainda é determinante, para que a criança se torne um leitor?

1. APRENDER A DECIFRAR

Nos primeiros graus do ensino secundário do século XIX, que acolhiam os filhos da burguesia com a idade de oito anos, não havia um aprendizado propriamente dito da leitura: as crianças já tinham aprendido a ler no meio familiar, mais particularmente com a mãe.

Até meados do século XIX, o aprendizado da leitura nas escolas destinadas ao povo era feito na base de textos latinos e por soletração: soletravam-se todas as letras de uma palavra e passava-se progressivamente do reconhecimento da letra à pronúncia da palavra [Prost, 1968]. A partir da década de 1850, o latim foi abandonado em favor do francês, e os métodos de aprendizagem eram a decomposição das palavras em sílabas, com a criança recitando em voz alta um texto fragmentado sem apreender-lhe o sentido. Em *Les Vieux*, Alphonse Daudet ilustra as maneiras de ler das crianças de seu tempo: "En... tão... San... to... I... ri... neu...". Tratava-se essencialmente de uma decifração, mediante a identificação e reconhecimento das letras e, depois, das palavras. Decifrar ainda não é ler, apreender o sentido do texto.

Na escola, no tempo da III República, ler consistia, na maioria das vezes, em decorar os textos lidos e repetidos pelo mestre frase por frase; Jean Hébrard observa que a memorização desempenha um papel fundamental e que "as crianças aprendem textos para poder lê-los e os leem para aprendê-los" [Hébrard, 1980]. O conhecimento dos textos antecede a leitura. Os primeiros livros de leitura continuam sendo, por muito tempo, os catecismos, decorados e depois recitados; mais tarde, cedem lugar aos livros de instrução moral e religiosa e, em seguida, aos manuais de leitura corrente providos de textos curtos. As condições da aprendizagem na escola continuam difíceis. Antes da obrigatoriedade da frequência escolar, implantada em 1882 na escola pública leiga, as crianças vão à escola de forma irregular e nem todas usam os mesmos livros; utilizam aqueles que têm em casa; não se pode obrigar os pais a comprar livros novos. Por esse motivo, a aprendizagem é individual: os alunos vão um a um, sucessivamente, para perto do professor e leem seu próprio livro, enquanto os outros se agitam ou se entediam na sala de aula.

Na primeira parte do século XX, começa o ensino da leitura na seção das crianças maiores da escola maternal e prossegue na escola primária (que se tornou obrigatória para as crianças dos sete aos treze anos). Na escola primária, a lição deixa de ser individual; agora é coletiva; a classe compreende divisões do mesmo nível e os alunos aprendem a ler num livro idêntico para todos. Após a fase de silabação adquirida no primeiro ano, cada criança deve chegar progressivamente a uma leitura corrente, que se faz mediante o reconhecimento da sucessão das palavras. Preconiza-se a leitura corrente em voz alta: a criança deve repetir, oralmente, a cadeia das palavras e das frases; é um trabalho lento e árduo e, como salienta Hébrard, "reconhecer uma sucessão de palavras não implica a possibilidade de compreender uma frase. Reconhecer não é ler" [1980]. A leitura silenciosa e visual exigida nas classes seguintes completa o processo de introdução à leitura, mas, na verdade, continua sendo uma leitura oralizada (que segue o ritmo da voz), feita em silêncio e lentamente. Tampouco permite apreender o sentido do texto [A.-M. Chartier, 1993].

2. AQUISIÇÃO DA CAPACIDADE DE LER NO SÉCULO XX

Durante a segunda metade do século XX, a capacidade de ler torna-se uma necessidade social e consiste, daí por diante, em apreender a significação do texto escrito. O aumento do nível das qualificações em virtude das necessidades da economia, a multiplicação e a diversidade dos escritos que se disseminam na vida social impõem a necessidade de ir além da simples decifração e de saber ler e compreender o significado tanto de textos escritos simples quanto diversos e complexos. Torna-se indispensável ler rapidamente, captar prontamente o sentido da palavra, da frase, do parágrafo. "Ler é compreender" passará a ser o lema dos pedagogos. A instituição escolar terá o dever de fazer com que todas as crianças saibam ler. Como ela o conseguirá? Que obstáculos irá encontrar?

A escola primária, até a década de 1960, não parece ser muito indagada sobre as condições de aquisição do domínio da leitura por parte das crianças.

Até 1959, o ensino primário, sancionado ou não por um diploma do curso, e, depois, o ensino primário superior que lhe sucedeu permitem que as crianças das classes populares que chegam ao fim da escolaridade obrigatória aos doze anos e, depois, aos catorze, se insiram na vida ativa; basta que tenham a capacidade de ler textos comuns da vida cotidiana. O ginásio, onde se transmite um ensino de segundo grau, onde se dá prioridade à leitura de textos literários, continua reservado aos filhos da burguesia. A reforma escolar realizada em 1959 estende a idade da escolaridade obrigatória até os dezesseis anos (o que se tornou efetivo em 1967) e suprime as barreiras institucionais para o ingresso na sexta série*. Esta é generalizada: em 1963, todas as crianças, ao saírem do ensino primário, entram para o colégio composto de graus hierarquizados, suprimidos em 1975, quando então se tornará colégio único, objeto de sérias controvérsias durante a década de 2000.

Na década de 1960, a chegada de todas as crianças à sexta série evidencia de maneira brutal uma grande desigualdade no aproveitamento escolar de acordo com o meio social e cultural a que pertencem. Essas desigualdades se mantêm e prolongam durante a sequência dos estudos, e se traduzem em reveses, repetições, atrasos, abandonos, saídas do sistema escolar sem diploma. Impôs-se, então, a necessidade de detectar os insucessos das crianças já nos primeiros anos do ensino primário e, principalmente, no curso preparatório.

A partir da década de 1960, grande número de estudos sociológicos identificam as desigualdades sociais de aproveitamento escolar [Girard, Bastide, Porcher, 1970] e suas consequências, e analisam os mecanismos de seleção dentro do sistema escolar [Bourdieu, Passeron, 1964]. As diferenças sociais na aquisição da norma linguística, no domínio da leitura, as práticas pedagógicas dos educadores são objeto de amplos debates entre os pesquisadores e os docentes durante a década de 1970 [CRESAS, 1978]. São então longamente discutidos os trabalhos de Basil Bernstein

---

* Na França, o primeiro ano do que, no inconstante – e ineficiente – sistema brasileiro, se chamava ginásio ou curso ginasial (N. do T.).

[1975] (que faz uma distinção entre o "código restrito" usado em seus negócios pelas camadas populares e o "código elaborado" mais formalizado, encontradiço nas classes cultas) e de William Labov [1978], que mostra, ao contrário, a riqueza e a complexidade do linguajar do povo que é excluído da escola. Os pedagogos repensaram a aprendizagem da leitura. Decidiu-se introduzi-la desde as classes maternais e prolongá-la do ano do curso preparatório para os dois e depois os três primeiros anos do ensino primário.

Domínio da Língua Oral e Escrita

O domínio oral e escrito da língua francesa torna-se, ao longo da década de 1970, o objetivo da escola primária. As instruções oficiais de 1972 sobre o ensino do francês concretizam essas novas preocupações. Os linguistas se impõem junto aos pedagogos e ressaltam a importância da linguagem, do domínio necessário da língua oral antes de abordar a língua escrita. Para ler, é preciso primeiramente saber falar, exprimir-se, comunicar-se, compreender o que é dito e se fazer compreender, uma prática que se adquire primeiro no meio familiar e prossegue no ambiente escolar. Exprimir-se, comunicar-se oralmente é um pré-requisito de toda e qualquer aquisição escolar da língua escrita. Mas as maneiras de falar, de comunicar-se variam conforme os meios sociais e conforme o ambiente social; a língua utilizada na escola é a norma legítima do francês padrão oficial que é imposta a todas as crianças, mas que nem todas dominam. As instruções oficiais de 1972, embora reconheçam a necessidade de favorecer a comunicação oral na classe, mantêm o princípio do respeito a uma língua única e universal, a do professor e da língua escrita.

O aprendizado da língua mudou; antes de aprender a dizer frases, é preciso compreender-lhe a significação. É preciso que se deem condições de a criança chegar rapidamente à compreensão das palavras, depois captar sua articulação na frase e aprender o

> *Os Olhos*
>
> Lê-se com os olhos. O que os olhos fazem enquanto se lê é de uma complexidade que ultrapassa, às vezes, minha competência e os limites desse artigo [...]. Os olhos não leem nem as letras umas depois das outras, nem as palavras umas depois das outras, mas procedem por meio de sacudidelas e fixações, explorando num mesmo instante a totalidade do campo de leitura, com uma redundância obstinada: percursos incessantes pontuados de paradas imperceptíveis, como se, para descobrir o que procura, o olho precisasse varrer a página com uma agitação intensa, não regularmente, à maneira de um receptor de televisão (como esse termo de varredura poderia deixá-lo pensar), mas de uma forma aleatória, desordenada, repetitiva ou, caso se prefira, uma vez que estamos em plena metáfora, como um pombo debicando o chão à procura de migalhas de pão. [...] Ler é antes de tudo extrair de um texto elementos significativos, migalhas de sentido, alguma coisa como palavras-chave que se marcam, que se comparam, que se reencontram [Perec, 2002].

sentido da frase. Abandonou-se a predominância da leitura oral em favor da leitura silenciosa. Com efeito, os trabalhos sobre a leitura mostram que a compreensão antecede a oralização e não o inverso, que a criança aprendiz de leitor(a) capta visualmente e de maneira antecipada o sentido do texto, o que não é possível numa leitura oral e fragmentada de palavra a palavra [A.-M. Chartier, 1993].

Os Métodos de Aprendizagem da Leitura

O "método silábico" é o mais antigo; consiste em aprender a decifrar. A criança aprende a conhecer as letras do alfabeto e a identificar os sons ou fonemas que lhes correspondem, associa as letras para formar sílabas e depois palavras. Esse conjunto de conhecimentos se chama "consciência fonológica". Não há, na língua francesa, correspondência estrita entre fonema e grafema: é preciso muito tempo e energia para memorizar os elos complexos entre grafias e sons, o que retarda o momento da leitura.

Ao mesmo tempo, o professor leva a criança a adquirir a codificação ortográfica que lhe permite a identificação e o reconhecimento léxicos das palavras e, depois, sua significação. Se a criança já possui um vocabulário variado, tem mais facilidade de aprender a ler. Uma vez adquiridos e automatizados os procedimentos de decifração, a criança precisa compreender a articulação das palavras em frases.

O "método global", ou método sintético, foi posto em prática no século XVII: interessa-se prioritariamente pelo sentido e consiste em fazer a criança reconhecer palavras familiares ou tomar como ponto de partida a frase. A consideração do contexto da palavra ou da frase pode facilitar a apreensão do sentido. Opera, em seguida, um trabalho de análise de decomposição das palavras em fonemas. Os defensores de um ou do outro método se enfrentam regularmente sem que se tenha conseguido demonstrar a superioridade de um ou do outro.

Os dois métodos, silábico ou global, são quase sempre usados de forma alternada. A decodificação e a compreensão do sentido das palavras e da frase são operações indispensáveis para alcançar o domínio da leitura. É preciso que o reconhecimento das palavras e a identificação da sintaxe se tornem automáticos e permitam o acesso a textos complexos. É pela prática repetida que se poderá adquirir os automatismos. As crianças que são más leitoras são más decodificadoras de palavras, não conseguem dividir as palavras em sílabas ou descobrir a relação entre os grafemas (transcrição escrita dos sons) e os fonemas (sons); são também, frequentemente, aquelas que têm dificuldades de apreender a sintaxe, de descobrir o sentido de uma frase [Chauveau, 1998]. O conhecimento prévio do vocabulário facilita a leitura; o bom leitor utiliza o contexto para inferir o sentido de palavras desconhecidas, ao passo que, no caso do mau leitor, o contexto é utilizado como compensação.

Daí em diante, o consenso é unânime: a aprendizagem da leitura, o acesso à capacidade de ler não dependem de uma técnica e dos métodos de leitura adotados pelo corpo docente e, por essenciais que sejam, não são os únicos fatores a intervir na aprendizagem. A escrita é, em parte, uma codificação da linguagem oral mediante a tipografia, a paginação (parágrafos), a pontuação, os diferentes sinais segundo as palavras e as formas verbais. A passagem da língua oral para sua forma codificada gráfica precisa ser ensinada. O escrito é o lugar de preservação do saber, reorganizado e isolado de seu contexto inicial. A escola é por excelência o lugar do livro, o lugar da língua escrita.

Não se pode isolar a eficácia dos métodos da prática pedagógica do professor, do grau de confiança estabelecido entre o mestre e o aluno, nem da relação que a criança mantém, antes de frequentar a escola, com a língua oral e escrita, assim como se revela necessário levar em conta a relação triangular entre escola, pais e filhos: acontece que os pais, não compreendendo a pedagogia do educador, tendem a depreciá-la e, inversamente, quando o mestre ignora as razões do comportamento educativo dos pais, pode adotar uma atitude de menosprezo por eles: nessas condições de incompreensão mútua, a criança se sente prisioneira de uma relação conflituosa que bloqueia suas capacidades cognitivas [Chauveau, Rogovas-Chauveau, 1992].

3. FAZER DA CRIANÇA UM LEITOR

Além do imperativo escolar de aprender a ler, de fazer que a criança adquira a capacidade de ler, torna-se necessário que o texto escrito esteja inserido no universo familiar da criança desde a mais tenra idade. A iniciação à leitura é um longo processo que pressupõe, antes da iniciação escolar, o contato precoce da criança pequena com o mundo do escrito. "A criança aprende a ler ao impregnar-se precocemente dos diferentes tipos de escrito que lhe são lidos pelos adultos que a cercam" [Hébrard, 1980].

É no seio da família que se realiza, no século xx, o aprendizado prévio da leitura, é no meio familiar que a criança habitua-se progressivamente ao escrito, que o livro, pouco a pouco e de modo natural, ocupa lugar em seu universo cotidiano, graças às histórias, aos contos que lhe são narrados ou lidos desde a mais tenra idade pelos pais, pela mãe em especial, costume mais frequente nas famílias das categorias sociais favorecidas. São as entonações da voz e suas variações marcando o ritmo da frase que insuflam vida ao texto e facilitam sua compreensão. A criança é, no começo, um ouvinte, como o eram outrora os primeiros leitores que escutavam os textos religiosos transmitidos pelos monges. Por meio da leitura oral do adulto, a criança se familiariza com o texto escrito, conhece nos menores detalhes a história contada e chega às vezes a corrigir o leitor culpado de introduzir algumas variações.

A criação, pelas editoras, de livros destinados às crianças pequenas, o incitamento da associação ACCS (Actions Culturelles Contre les Exclusions e les Ségrégations) aos pais, aos bibliotecários, às puericultoras das creches para que lessem histórias às crianças novinhas têm por objetivo facilitar sua impregnação da língua escrita e lhes permitir a familiarização com o texto, daí por diante integrado à vida cotidiana. Estudos mostram que os grandes leitores frequentemente tiveram uma mãe que lhes contava histórias desde seus primeiros anos [Singly, 1993]. Em numerosas bibliotecas municipais, pais e filhos são convidados a vir ouvir histórias a fim de difundir a prática da narrativa oral no seio das famílias populares e facilitar o hábito das crianças com o escrito.

A imagem é também um poderoso apoio do escrito; os livros de imagens são os primeiros que são destinados às crianças. As imagens suscitam os comentários da criança e podem ser explicadas pelo adulto; facilitam o acesso ao texto. As histórias em quadrinhos continuam sendo as leituras preferidas das crianças que têm dificuldades com o escrito.

Leitura e escrita se tornarão cada vez mais práticas costumeiras para a criança, graças a uma familiarização com o texto escrito e à sua integração na vida das crianças ("É preciso desescolarizar a leitura", repete Jean Foucambert [1982]).

A escola ajudará a criança a tornar-se um leitor de todos os textos. O escrito, sob formas variadas, levando em conta a diversidade dos usos correntes, é introduzido, portanto, na instituição escolar. Apela para a curiosidade da criança, que lê para conhecer o conteúdo do texto, para informar-se, documentar-se, para conhecer uma história. Os textos oferecidos vão-se adaptar aos interesses da criança. Cartazes, artigos de jornal, correspondências, receitas, gráficos dão à leitura uma função diretamente utilitária. O professor procura também suscitar o gosto de ler, propondo leituras atraentes contidas nos livros de entretenimento. Conforme disse o ministro da Educação em 2003, o professor deve propor, aos alunos do primário, a leitura de dez livros durante o ano. Enfim, a leitura já não está isolada da aprendizagem do conjunto das outras matérias que também exigem a capacidade de ler, depressa e em silêncio, e de compreender.

Suscitar oportunidades de leitura, estimular, ajudar e levar a criança a ler, seja qual for o objeto de leitura da sua escolha (livros com imagens, histórias em quadrinhos, revistas), criam o hábito da leitura. É a esse trabalho de impregnação progressiva que já se apegam numerosas bibliotecárias quando vão às escolas contar o início das histórias contidas nos livros, para incentivar os colegiais a prosseguirem ulteriormente a leitura começada.

A ação da escola, da família, do conjunto da vida social tem por finalidade facilitar a construção da criança-leitora e fazer da leitura uma prática cultural costumeira compartilhada por todos.

Fracassos do Domínio da Leitura

Apesar das inovações pedagógicas introduzidas na aprendizagem e no exercício da leitura, persistem as desigualdades sociais neste domínio. O hábito da leitura não é compartilhado por todos.

As análises recentes mostram que a escola, desde o primeiro ano do ensino primário, ainda não consegue ensinar de maneira igual todas as crianças a ler: 20% delas encontram dificuldades em leitura no curso preparatório; também não consegue corrigir os efeitos das desigualdades sociais e culturais. Em 1989, 30% dos alunos que entraram na sexta série já tinham um ou dois anos de atraso. Essa proporção atinge quase 50% dos filhos de operários sem qualificação e 40% dos filhos de operários qualificados, contra 9% dos filhos de executivos e integrantes das profissões intelectuais superiores [Cacouault, Oeuvrard, 1995].

Seria o caso de incriminar os métodos de aprendizagem? A prática dos educadores, que é essencial, mas não todo-poderosa? O meio social e cultural das crianças? Ou não será preciso também identificar as resistências da criança das classes populares à imposição, pela escola, de uma língua legítima estranha a seu universo?

4. A INSTITUIÇÃO ESCOLAR E O GOSTO DE LER

A instituição escolar é o lugar onde a leitura é prescrita e necessária para todas as matérias ensinadas, e onde a leitura-lazer é de igual modo incentivada. Na escola, ler é considerado um dever e também reconhecido como uma distração útil.

Para os alunos do segundo grau da década de 1960, a leitura era um lazer privilegiado, o primeiro na hierarquia dos lazeres [Hassenforder, 1967], mas, durante a década de 1980, a prática da leitura por esses alunos diminui, concorrem com ela outros lazeres, entre os quais a televisão, os *videogames*, a música, e apenas no sexto lugar na ordem dos lazeres preferidos a leitura [Baudelot, Cartier, Detrez, 1999].

Leituras por Prazer

A leitura de entretenimento é estimulada pelos professores que propõem aos colegiais, a partir da literatura destinada à juventude, uma lista de dez livros para ler durante o ano. A instituição escolar tenta, portanto, inculcar o hábito de ler e frequentar os livros, desempenha, por intermédio dos docentes, um papel primordial na orientação e na escolha das leituras dos estudantes [Eteve, 1990] e permanece uma referência incontornável na lembrança de numerosos adultos. No entanto, ela nem sempre reúne as condições favoráveis ao nascimento e desenvolvimento do amor pela leitura; na verdade, para muitos alunos, tudo o que é recomendado no ambiente escolar ganha ares de obrigação, de coerção e acaba entravando o desejo de ler. Uma análise de entrevistas feitas com adultos leitores [Mauger, Fossé-Poliak, Pudal, 1999] mostra que seu gosto pela leitura raramente lhes veio da instituição escolar. As obras aconselhadas pelos professores são vistas, muitas vezes, pelos alunos como uma obrigação (tanto mais se lhes pedirem resumo ou explicações referentes à obra lida), enquanto as obras escolhidas por eles próprios com toda a liberdade, ou aconselhadas pelos colegas ou por bibliotecários são mais consideradas leituras de lazer. De fato, a qualidade da relação instaurada entre o professor e os alunos é essencial: se é de confiança, se o professor consegue passar ao aluno seu gosto pela leitura, os oriundos de famílias modestas e desprovidas culturalmente pedem e seguem de bom grado seus conselhos. No mais das vezes, o incentivo escolar se harmoniza com os estímulos dos pais de jovens do meio favorecido e vai reforçar os interesses dos alunos já leitores, sem chegar a estimular o tímido gosto pela leitura dos que têm necessidade de ser mantidos.

Distúrbios da Leitura: A Dislexia

O mais conhecido dos distúrbios da leitura é a dislexia, que atinge de 5 a 8% das crianças escolarizadas, e três ou quatro rapazes para uma moça. A dislexia pode, às vezes, ser um distúrbio adquirido, devido a lesões cerebrais, e então deve ser tratado pela medicina. De modo mais geral, trata-se de dislexia de desenvolvimento, uma perturbação específica e duradoura da aquisição da linguagem escrita. A criança disléxica tem um nível intelectual e escolar normal, tem uma compreensão oral normal, não tem problemas de audição ou de visão, mas apresenta grandes dificuldades de aprendizagem da leitura e tem geralmente um atraso de dois anos: sente dificuldade para reconhecer e identificar as palavras escritas.

Na primeira metade do século XX, os estudos sobre a dislexia se desenvolveram nos Estados Unidos (principalmente os trabalhos de Isabelle Liberma, do laboratório Haskins) e na Europa, sobretudo nos países escandinavos.

A dislexia proviria de um déficit do sistema de tratamento dos sons da palavra. As crianças disléxicas apresentam um déficit fonológico, não conseguem analisar os sons da linguagem e não podem estabelecer as correspondências entre os fonemas (sons) e os grafemas (transcrição escrita dos sons). Quando leem, não conseguem decodificar corretamente as palavras escritas, e o domínio da decodificação é a condição da aprendizagem da leitura.

A disortografia aparece igualmente em certas crianças, que multiplicam os erros de ortografia, fazem divisões arbitrárias das palavras ou, ao contrário, as juntam. A discalculia é outro distúrbio verificado às vezes: as crianças não conseguem efetuar operações formais nem utilizar os símbolos numéricos.

Outras dificuldades podem ser associadas à dislexia: distúrbios da atenção, comportamento de hiperatividade, distúrbios da psicomotricidade, dificuldades na aquisição dos conceitos numéricos, problemas visuais e espaciais ao mesmo tempo e os distúrbios mnésicos. Não há uma dislexia, mas dislexias que não são encaradas da mesma maneira.

Como determinar a dislexia? Ocorre que ela é identificada apenas quando a criança entra para o segundo grau: ela tem dificuldade de aprender as lições, de copiar uma aula ou tomar notas, domina mal a ortografia. Se pais e mestres estão vigilantes, podem ficar atentos para com os sinais que fazem temer uma dislexia desde a escola maternal: se a criança apresenta um atraso da linguagem, se faz inversões de sons ("tir" por "tri"), se tem dificuldades de organização espaciotemporal, uma averiguação precoce, um exame ortofônico podem revelar-se úteis.

Os ortofonistas tratam da reeducação ortofônica da criança disléxica e criam estratégias de compensação para atenuar os sintomas, melhorando os procedimentos que já estão em operação. A ortofonia é uma medicina paramédica destinada a prevenir e tratar as patologias da voz, da palavra, da linguagem oral e escrita, da numeração e do raciocínio matemático. Quanto mais precoce for a reeducação ortofônica, melhores serão os resultados. As crianças disléxicas podem apresentar uma dificuldade de localização espaciotemporal ou uma disgrafia (têm dificuldade com o lápis, fazem as pernas das letras de maneira irregular). Muitas vezes uma reeducação psicomotora faz parte de uma terapêutica pluridisciplinar.

Todos os maus leitores não são disléxicos, e é conveniente estabelecer, com testes apropriados, um diagnóstico preciso dos distúrbios da leitura, a fim de prever um tratamento adequado. Um exame cognitivo completo e pluridisciplinar pode ser realizado em centros especializados, a pedido do médico escolar ou do médico da criança. A reeducação é feita em conjunto com o ortofonista e os colegas externos (pediatra, pedopsiquiatra, psicólogo, psicomotricista) e os colegas institucionais (equipe pedagógica, psicólogo escolar, mestres do RASED [Réseaux d'Aide Spécialisée aux Élèves en Difficulté, criadas em 1990) [Egaud, 2001].

Nas leituras declaradas dos alunos do segundo grau, quaisquer que sejam suas preferências, se misturam os títulos prescritos e aqueles escolhidos livremente. Segundo uma pesquisa realizada entre os jovens, dizem com mais frequência que os clássicos que declaram ler lhe foram impostos, enquanto os romances para a juventude, os romances estrangeiros e as obras contemporâneas foram escolhidas por eles com mais prazer [Dendani, 1998]. Por fim, o universo das leituras adolescentes forma um todo eclético onde se acham reunidos ao mesmo tempo os romances do século XIX, as obras em que o herói é um adolescente, os livros de aventuras ou sentimentais, os depoimentos, diários íntimos, novelas policiais; esse universo manteve-se quase inalterado desde a década de 1960, com exceção de Stephen King, que, em 1999, vence todos os sufrágios [Baudelot, Cartier, Detrez, 1999]. Completa-se com a leitura de revistas e magazines destinados especificamente à juventude [Charon, 2002] e que lhes fornecem, em inúmeros casos, um complemento cultural. Assim, *Science et Vie Junior* é estimada pelos alunos mais amantes da ciência, enquanto *Mon Quotidien* lhes informa sobre os problemas da sociedade. Os pais de grupo social abastado dão a seus filhos, de bom grado, assinaturas dessas revistas.

Nem todos os bons alunos são leitores assíduos, e alguns maus alunos gostam de ler e encontram na leitura um derivativo [Singly, 1999; Baudelot, Cartier, Detrez, 1999]. Parece que a relação entre o sucesso escolar e a prática da leitura é oscilante. Muitas vezes, os adultos que tiveram dificuldades durante sua vida escolar tornam-se não-leitores ou fracos leitores de livros [Bahloul, 1987]. Não tem facilidade de ler e se sentem incompetentes, associam a leitura a um trabalho escolar que os levou a uma situação de fracasso e, por isso, de desvalorização de si mesmos. São os mesmos que pensam que uma instrução de boa qualidade lhes dá as capacidades de ler e cria as condições favoráveis ao amor à leitura. Imbuídos dessa convicção, sentem-se ainda mais convencidos de sua falta de indignidade cultural [Escarpit, 1966; Robine, 1984; Bahloul, 1987].

A leitura dos alunos do segundo grau sofre a influência bastante premente de seu meio social e cultural. Por certo os docentes dão condições a inúmeros estudantes de descobrir textos da literatura, mas é nos meios favorecidos econômica e culturalmente que se criam os hábitos de leitura e a vontade de ler literatura, graças a uma impregnação cultural constante. Os alunos oriundos de meio modesto não se beneficiam da mesma impregnação e do mesmo estímulo. Seus pais os estimulam a ler, mas lhes faltam conhecimentos necessários para lhes aconselhar obras que lhes abram novos horizontes.

Leituras Literárias no Segundo Grau

Quando chegam ao segundo grau, os adolescentes são absorvidos pelo trabalho escolar; têm então poucas leituras de lazer. Até o diploma de bacharelado, são incitados a ler as obras literárias da cultura legítima, inscritas em seu currículo; são iniciados na análise culta dos textos literários. Baudelot [1999] dá a seguinte definição da "leitura literária":

> O conceito de "leitura literária" reúne de maneira ampla todas as maneiras de ler que, da contemplação estética à análise estrutural, passando pela simples leitura por referências literárias, fazem do texto (em seu sentido, suas formas, sua filiação a um autor ou simplesmente em seu valor específico) o interesse em si e o fim da leitura, tornando-se esta, concomitantemente, uma atividade que é em si mesma seu fim.

A definição do que se entende por "literário" tem uma história especial. As academias criadas no século XVII consagram a autonomia do campo intelectual com suas especialidades assentadas em competências específicas: distinguem-se as letras, artes e ciências. A Academia de letras outorgou a supremacia aos literatos, aos escritores e autores publicados que juntam à criação a arte da forma [Viala, 1985]. O enobrecimento é então o modo de consagração do escritor.

No século XIX, o escritor homem de letras se sente contestado e teme perder seu prestígio perante os escritores populares e a publicação de uma onda de romances-folhetim que obtêm sucesso comercial. Paladinos da "arte pela arte", os homens de letras tornar-se-ão os defensores da estética pura, da literatura gratuita, desejada, desinteressada, onde domina a procura da forma, e imporão sua legitimidade [Bourdieu, 1992]. Reservada a um público restrito, esclarecido, a literatura adquirirá um privilégio simbólico de que serão desprovidos os escritos produzidos por escritores de "arte comercial" e destinados ao mercado de grande consumo.

Como a criação literária, a leitura das obras literárias é gratuita, desinteressada, estética, desejada, é a dos "letrados" reconhecida e legitimada pelas instâncias educacionais, opõe-se à "leitura comum" popular, onde o leitor investe interesses específicos, modo de leitura depreciado.

A leitura literária é legitimada pelo sistema escolar. No decorrer dos últimos anos do século XX, um modo de leitura culto, científico dos textos literários é ensinado durante os dois últimos anos do ensino secundário, leitura baseada na linguística e na semiótica que privilegia o estudo da forma, dá prioridade à análise interpretativa do texto e se separa de uma leitura em que o aluno investe seus interesses próprios. Depois do bacharelado, uma minoria de alunos continua convertida à literatura e muitos, em contrapartida, abandonam a leitura dos clássicos e preferem dedicar-se às leituras divertidas, abandonadas quando se estavam preparando para seus exames [Baudelot, Cartier, Detrez, 1999].

A relação entre instituição escolar e atividade de leitura é complexa: varia conforme os indivíduos e seu meio social de origem, e conforme suas representações da instituição escolar e dos professores. A escola dá condições de adquirir as aptidões necessárias para ler, é a instância essencial que dá legitimidade às leituras, mas, devido às normas que transmite, às coerções diretas e indiretas que exerce, corre o risco, ao mesmo tempo, de criar entraves a uma necessidade de leitura ainda frágil.

IV. Uma Prática Cultural Diferenciada

Se, como dizem François Furet e Jacques Ozouf, foram necessários vários séculos para que a alfabetização se estendesse a toda a França [Furet, Ozouf, 1977], menos de meio século foi preciso para que a leitura fosse praticada por todas as camadas da população e tivesse lugar preponderante na vida social, onde o escrito tornou-se o meio privilegiado de comunicação. Não irão os hábitos, os costumes, os conteúdos de leitura diferenciar essa prática? O que leem os diversos públicos? Quais são seus interesses? Teria a leitura, que por muito tempo foi uma prática de elite, deixado de ser uma prática distintiva?

Na França, o interesse pela leitura é tema de discussão dos editores e da imprensa, mas também dos militantes dos movimentos em favor da educação popular, que defendem o direito de todos à educação em todas as fases da vida e se situam na linha das ideias de Condorcet. Esses militantes, mais particularmente Joffre Dumazedier, co-fundador de "Peuple et Culture" no período da Libération, criador da equipe de Sociologia do Lazer no CNRS, e Jean Hassenforder, pesquisador no Institut Pédagogique National, elaboraram inúmeros estudos sobre a difusão do livro, as bibliotecas e as práticas de leitura dos jovens e dos adultos em 1959 e durante a década de 1960, além de Robert Escarpit, criador em 1960 do Centre de Sociologie des Faits Littéraires (que logo se tornou Institut de Littérature et de Techniques Artistiques de Masse, ILTAM). Todos se mostraram muito preocupados em apoiar sua ação de militância em pesquisas empíricas quantitativas.

1. AS PESQUISAS SOBRE A LEITURA E OS LEITORES

Quais foram os trabalhos sociológicos sobre a leitura, na França, a partir da década de 1960? Como essa prática foi apreendida, analisada?

Além dos trabalhos de Dumazedier e Hassenforder no decorrer da década de 1960, cabe assinalar o estudo pioneiro dirigido por Robert Escarpit e sua equipe. Esse estudo já apresenta resultados essenciais que não serão desmentidos, mas desenvolvidos e aprofundados pelos trabalhos ulteriores. Escarpit e seus pesquisadores dirigiram uma pesquisa detalhada, entre jovens recrutas do centro de seleção militar de Limoges, sobre seus hábitos de leitura (livros, jornais, revistas), suas preferências, suas motivações e seus meios de acesso ao livro, de acordo com a origem geográfica, a idade, o local de residência, a profissão do pai, a natureza e a duração dos estudos, os resultados nos testes do centro de seleção do exército. Parece que a prática da leitura é mais intensa entre os jovens originários do mundo citadino do que entre aqueles do mundo rural e agrícola, e está ligada a seu nível de instrução e à posição do pai na hierarquia socioprofissional. Os operários leem, fundamentalmente, as notas esportivas de seus jornais, interessam-se mais pelos jornais esportivos, pelas fotonovelas e publicações ilustradas. Os técnicos, engenheiros, estudantes, professores de ensino médio e fundamental são mais atraídos pela vida política, pelas obras de ciência e romances de ficção científica. Para muitos dos não-formados (30%), "ler é perder tempo". O conjunto dos recrutas leem, basicamente, para documentar-se, para instruir-se, para distrair-se. Os que escolhem suas leituras pelo título ou pelo autor estão entre os mais instruídos e os jovens que possuem rádio ou televisão parecem mais abertos à leitura do que os outros, resultados que serão confirmados por estudos posteriores e que já contradizem todos os comentários sobre a influência nefasta da televisão sobre a leitura [Escarpit, Robine, Guillemot, 1966].

As grandes pesquisas nacionais efetuadas pelo INSEE [*Le Comportement des Loisirs des Français* em 1967 e 1987], depois pelo Ministério da Cultura [*Les Pratiques Culturelles des Français*, 1973, 1981, 1989, 1997] retomam as categorias descritivas utilizadas pela equipe de Escarpit e pelas pesquisas por sondagens. Permitem, acima de tudo, seguir a evolução do consumo de livros.

O número de livros lidos (durante um tempo determinado) indicado pela pessoa pesquisada é o índice de medida da intensidade da leitura. Os leitores são classificados em três categorias hierarquizadas: os leitores fracos (leitura de 1 a 9 livros por ano), os leitores médios (10 a 24 livros por ano) e os grandes leitores (mais de 25 livros por ano). O número de livros que declararam ter lido é sobretudo um índice de consumo, e a classificação em fracos, médios e grandes dá da leitura uma imagem redutora e congelada, que não considera as diferentes maneiras de ler, de investir na leitura, do gosto de ler e da diversidade dos objetos de leitura, uma vez que a prática da leitura tem formas múltiplas, uma dinâmica própria, que depende dos contextos nos quais ela se inscreve e da maneira como se integra na biografia dos leitores. Um livro pode ser lido e relido, redescoberto incessantemente por uma leitura renovada e aprofundada.

Por outro lado, as declarações de leitura devem ser manipuladas com precaução, pois refletem mais as representações da leitura das pessoas pesquisadas do que sua prática real. Traduzem, conforme as categorias sociais, uma preocupação de manifestar sua conformidade às normas culturais ao declarar mais uma prática reconhecida como legítima do que uma prática real. Imbuídas do desejo de integração social e com aspirações a ascender

Primeiros Estudos sobre a Leitura

Martine Poulain [1992] conta a história dos primeiros estudos sobre a leitura feitos, inicialmente, na URSS do começo do século, nos Estados Unidos e na Alemanha durante a década de 1930, depois na França a partir da década de 1950.

Na URSS do começo do século, Nikolai Rubakin, numa pretensão de salvar a humanidade graças ao livro, cria uma disciplina nova, a bibliopsicologia, destinada a estudar cientificamente a psicologia do criador de livro, a analisar os diferentes gêneros de livro, sua circulação e sua influência sobre o leitor, além da psicologia do leitor. Analisou inúmeras obras e fez numerosas pesquisas entre os leitores do mundo inteiro. Criou seu método já no final do século XIX, trocou milhares de cartas com leitores pelo mundo afora. A primeira edição de sua obra volumosa apareceu, em 1906, na Rússia (São Petersburgo) e foi traduzida para o francês em 1922 (N. A. Roubakin, *Introduction à la Psychologie Bibliologique: Psychologie de la Création des Livres, de Leur Distribution et Circulation*, 2ᵉ éd., Paris, J. Povolozky et Cie., 1922).

Nos Estados Unidos, durante a grande depressão, milhões de americanos começaram a ler, procurando na leitura uma forma de apoio. M. Poulain mostrou que os pesquisadores da Universidade de Chicago se interessaram pela influência dos meios de comunicação de massa, pelos escritos e pelos leitores e desenvolveram pesquisas no início da década de 1930 a fim de conhecer quem lê o quê e por quê [Waples, Tyler, 1931]. Analisaram os efeitos da leitura sobre os leitores, levando em conta suas predisposições (perfis socioculturais, motivações, expectativas), mas também modalidades do escrito (modos de publicação, distribuição, difusão, atmosfera da opinião pública) [Waples, Berelson, Bradshaw, 1940].

Na Alemanha, em 1931, Walter Hoffman, diretor das bibliotecas públicas e prefeito de Leipzig, querendo promover a leitura pública, empreendeu estudos sobre os livros e seus leitores, a fim de que os bibliotecários conhecessem a psicologia

> dos leitores e pudessem propor-lhes e aconselhar-lhes livros que correspondessem a seus gostos.
>
> Na França, durante a década de 1950, foram as empresas ligadas ao desenvolvimento da edição de livros e da imprensa que estiveram na origem de inúmeras sondagens sobre a leitura da população francesa (primeira sondagem do IRES) ("Como leem os franceses e o que gostam de ler", em *Réalités*, julho de 1955). A imprensa continuará sendo, durante esses anos, uma abonadora essencial das sondagens efetuadas pelos dois órgãos principais: o IFOP e a SOFRES. Essas sondagens dão informações sobre o número e o gênero dos livros lidos pelas categorias da população diferenciadas conforme o sexo, a idade, a categoria socioprofissional, o padrão de renda, o nível de estudos, o tamanho da aglomeração do local de residência. Foram substituídas pelas pesquisas do INSEE sobre os lazeres dos franceses em 1967, depois em 1987, e as do Ministério da Cultura (pesquisas sobre as práticas culturais, 1973, 1981, 1987, 1997).

socialmente, pode ser que as categorias modestas, como os empregados, durante a década de 1960, tenham a tendência a superestimar suas leituras, enquanto, trinta anos mais tarde, tendo interiorizado o fenômeno da banalização da leitura e do livro, suas declarações parecem mais próximas de sua prática efetiva. As categorias com curso superior, em contrapartida, referindo-se à leitura letrada intensiva e contínua de obras literárias, mostram a tendência a não considerar como "leituras" suas leituras profissionais ou documentárias, mais fragmentadas.

Desde a década de 1990, as autoavaliações como leitor (ou leitora) já não caracterizam os leitores fracos que procuram valorizar-se, mas os leitores assíduos que tendem a superestimar suas práticas de leitura. Ch. Detrez [2003] atesta que, "em tempo igual de leitura, as alunas de colégio, os alunos em boa situação escolar, os adolescentes de camadas favorecidas se definem mais frequentemente como grandes leitores do que os outros".

É desse modo, sem dúvida, que se afirmam resolutamente como leitor, mostram com mais intensidade sua distinção, sua diferença em relação àqueles que não são adeptos fervorosos da leitura, que abandonam essa atividade.

2. A LEITURA DE LIVROS

Até a década de 1970, as pesquisas se interessam fundamentalmente pela leitura de livros. Ler é ler livros. Subentende-se que o livro é o símbolo da leitura e o meio valorizado, legítimo, de acesso à cultura, ao saber, aos conhecimentos, oferecendo assim às categorias sociais modestas a perspectiva de uma ascensão social à qual aspiram e dando aos integrantes das classes populares que privilegiam a leitura de revistas em detrimento dos livros o sentimento de não serem leitores.

Em 1967, a pesquisa do INSEE revela, porém, que a difusão do livro e a prática da leitura ainda continuam fracos na França: 30% das famílias não possuem livros, quase 50% dos adultos declaram não comprar livros, 37% declaram não ler livros.

Nessa data, as mulheres leem menos do que os homens, os jovens (15 a 24 anos) mais do que os velhos e, para os alunos de nível médio em geral, a leitura tem primazia sobre os outros lazeres. A leitura aumenta com o tamanho das aglomerações do local de residência e continua fraca no meio rural. Cresce com o nível de renda, o nível de instrução (diploma superior) e à medida que se eleva a posição do indivíduo na hierarquia socioprofissional.

A prática da leitura de livros não para de crescer da década de 1960 à de 1990. O número de franceses e francesas que leram ao menos um livro durante os doze últimos meses vem aumentando constantemente ao longo desse período. O livro está presente na quase totalidade dos lares, a compra de livros aumenta, a frequência às bibliotecas cresce, os não-leitores diminuem. No fim do decênio de 1990, a prática da leitura de livros torna-se menos frequente. O livro se dessacraliza, perde um pouco de prestígio, como perde um pouco de aura a busca da cultura letrada. Entre os franceses, 27% não haviam lido nenhum livro em 1997, e 32% em 2003. Em 1997, 73% não leram nenhum livro durante o ano, e apenas 58% em 2007. O número dos grandes leitores diminui: em 1973, 22% leram mais de vinte livros no ano; em 2003, foram 18%. Os alunos do ensino médio em geral, os estudantes, os adultos formados, os funcionários das empresas diminuíram suas leituras de livros em favor de outros tipos de lazer como a televisão, os esportes ou as viagens, e também em favor de leituras curtas e apressadas nos magazines, que dão informações em inúmeros campos de conhecimento e permitem aos leitores e leitoras se sentirem mais inseridos na vida social cotidiana. As mulheres são as melhores leitoras dos magazines de informação geral, gostam muito de contar com eles nos meios de transporte e durante os momentos furtivos de distração.

Solicitados por outros interesses, alunos de ensino médio das classes favorecidas também mostram tendência a diminuir as leituras de livros, apesar dos estímulos dos pais. Os alunos de ensino médio das classes desfavorecidas, que nem sempre têm um domínio suficiente da língua francesa, leem poucos livros, encontram com frequência dificuldades de compreensão, vivem a leitura (especialmente a dos livros) como uma coerção pesada. Para eles, o livro está associado à escola, instituição na qual experimentaram fracassos, dificuldades, um mal-estar persistente. Além disso, o que os incomoda, acentua Véronique le Goaziou [2005], é o imobilismo físico imposto pela leitura, uma espécie de privação de liberdade à qual são obrigados. O tempo de leitura é, para eles, um tempo roubado, um tempo de ociosidade dificilmente suportável, uma forma de inércia, de morte. Frequentemente, as práticas de leitura desses jovens parecem acidentais, isoladas, sem ancoragem na vida. No entanto, são sensíveis aos estímulos dos pais quando mantêm boas relações com estes, ouvem-lhes os conselhos com melhor disposição que os da escola, assim como se deixam influenciar mais facilmente pelos colegas do bairro para escolher suas lei-

Quadro 1: Evolução dos índices de leitura (1973-2003), em %

Proporção dos franceses com idade de quinze anos ou mais	1973	1981	1989	1997	2003
Que possuem livros em casa	73	80	87	91	93
Que leram pelo menos um livro nos doze últimos meses	70	74	75	73	58 (em 2007)
Que compraram pelo menos um livro nos últimos doze meses	51	56	62	63	-
Inscritos numa biblioteca	13	14	17	18	16

Fontes: Les Pratiques Culturelles des Français, 1973, 1981, 1989, 1997, Ministère de la Culture, 1997; para 2003, INSEE, pesquisa "Participation culturelle et sportive", maio de 2003.

Quadro 2: Evolução dos leitores segundo a quantidade de livros lidos nos últimos doze meses, em %

Proporção dos franceses com idade de quinze anos ou mais	1973	1981	1989	1997	2003
Nenhum livro	30	27	25	27	32
Leitores fracos (de 1 a 9 livros por ano)	24	29	33	35	33
De 1 a 4 livros	14	19	20	23	23
De 5 a 9 livros	10	10	13	12	10
Leitores médios (de 10 a 19 livros por ano)	17	17	18	18	16
De 10 a 14 livros	13	13	14	*	*
De 15 a 19 livros	4	4	4	*	*
Grandes leitores (20 livros ou mais por ano)	29	27	24	20	19
De 20 a 49 livros	16	16	15	12	11
De 50 livros ou mais	13	11	9	8	8

* Faltam os dados de 1997 e 2003.

Fontes: Les Pratiques Culturelles des Français, 1973, 1981, 1989, 1997, Ministère de la Culture, 1997; para 2003, INSEE, pesquisa "Participation Culturelle et Sportive", maio de 2003.

turas. Na verdade, a leitura para os jovens das camadas populares não é uma prática solitária – mesmo que fiquem sós quando leem: ela requer um estímulo afetivo criado por um círculo de pessoas caloroso e incentivador da leitura. É a amizade, a vizinhança, o entendimento cúmplice que suscita a vontade de ler esta ou aquela obra, de comentá-la com os amigos. A leitura é fonte de trocas, é ela própria uma troca quando se integra ao modo de vida. No conjunto, os jovens, qualquer que seja seu meio social, exceto os jovens do campo e os filhos dos agricultores, têm um gosto pouco acentuado pela leitura de livros. São tomados de pavor diante de um livro grande e recuam diante de um número alto de páginas. Os estudantes deixaram de ser os "herdeiros" das classes detentoras da cultura legítima, descritos por Pierre Bourdieu [Bourdieu, Passeron, 1964]. Constituem um grupo social heterogêneo, em função da diversidade de seu meio social de origem e sobretudo dos graus de ensino frequentados. Suas leituras de lazer diminuem; se um pouco antes da década de 1970 todos liam pelo menos um livro por mês, vinte anos mais tarde apenas dois terços deles o fazem [Dumontier, Singly, Thélot, 1990]. São atraídos por outros lazeres (cinema, saídas, audição de música) e suas leituras variam conforme as escolas frequentadas: na França, como em numerosos países da Europa, os estudantes de letras e ciências humanas são os maiores leitores de romances, teatro, poesia; os estudantes de formação científica e técnica leem pouco, não procuram apropriar--se das obras do patrimônio, têm uma atitude distanciada com relação à cultura literária e procuram – quando encontram uma hora de recreação, de repouso – as novelas policiais, os romances de ficção científica, as histórias em quadrinhos [Dendani, 1998].

Os estudantes também fazem leituras práticas, de utilidade imediata, para passar nos exames, ou então leituras a serviço de outras atividades, leituras breves, documentais, informativas [Lahire, 2002]. Será possível que essas leituras impostas pela necessidade sejam fugazes, logo esquecidas?

A leitura de livros está diminuindo incontestavelmente, a leitura linear de obras longas deixou de ser atraente, a leitura de livros foi substituída pela das revistas, periódicos, magazines. Leituras mais rápidas ou mais incisivas? A mudança dos suportes de leitura significa uma mudança nos modos de praticá-la, nas maneiras de apropriar-se dos conteúdos. As maneiras de ler, múltiplas e diversas, e a heterogeneidade das práticas que se impõem atualmente exigem uma análise aprofundada.

Diferenças Sociais do Acesso ao Livro

Persiste a diferenciação social no acesso ao livro: diferenciação nas maneiras de se informar antes de proceder à escolha de obras e diferenciação na frequência a locais de compra ou de empréstimo de livros.

As maneiras de se informar variam conforme o grau de familiaridade com o livro. Os integrantes das classes favorecidas, possuidores da cultura culta, não hesitam em consultar seu livreiro, leem as críticas da imprensa especializada (*Le Monde des Livres*, *Magazine Littéraire*), assistem aos programas literários, consultam obras nas bibliotecas; seu saber adquirido lhes permite buscar suas informações diretamente, folheando as próprias obras: a identificação da editora, a olhadela rápida no prefácio, o nome do autor, a quarta capa lhes possibilitam discernir as características da obra e fazer uma escolha adequada a seus interesses.

É no meio familiar e por intermédio dos meios de comunicação de massa (programas literários e adaptações televisionadas de obras literárias) que os integrantes das classes populares têm acesso às informações sobre os livros e são orientados em suas leituras. Com efeito, Bahloul observa que "a leitura fraca é estimulada pela imagem não porque é um auxiliar da decifração do texto, mas porque é um dos vetores específicos da comunicação entre os leitores fracos" [Bahloul, 1987]; os amigos, vizinhos e colegas de trabalho com os quais conversam frequentemente, as propagandas que chegam a seu domicílio, a apresentação das obras nos estandes das grandes lojas também orientam suas compras e fazem do livro um bem de consumo como qualquer outro.

Os integrantes das classes populares e os das classes familiarizadas com a cultura não frequentam os mesmos lugares de venda e empréstimo de livros. A livraria (que recebe 29% dos compradores), como os *megastores* especializados em venda de livro, tais como o FNAC ou o Virgin (12% dos compradores), têm uma clientela específica: recebem prioritariamente compradores abastados e cultos, acostumados com o livro; sua clientela compõe-se

> ### Retrato de um Apaixonado Comprador de Livros
>
> Jean-Baptiste é uma exceção que mostra as nuances da importância que se atribui aos determinismos sociais. Possui as práticas de um leitor letrado, mas é de origem modesta, e seus pais não eram grandes leitores. Teve uma vida escolar sem novidades até a formatura, cursou a universidade por três anos sem concluir o curso, aderiu a um grupo libertário em 1968 e passou a viver numa comunidade. Após o serviço militar, fez um curso no Office National des Eaux et Forêts e tornou-se guarda-florestal. Jean-Baptiste lê com paixão desde a adolescência, sem ter recebido qualquer influência nem de sua experiência militante, nem de seus contatos na vida; possui vários milhares de livros.
>
> É a leitura assídua das críticas da imprensa escrita (*Le Monde des Livres*, o suplemento literário de *Libération*, *Le Magazine Littéraire*, *Le Nouvel Observateur*) a causa de suas decisões de compra ou de leitura. As relações privilegiadas que estabeleceu progressivamente com seus livreiros preferidos constituem o outro vetor das suas escolhas. Se por acaso não tem nenhuma informação prévia, confia no conhecimento que tem do autor ou folheia os livros na livraria, lendo algumas páginas das obras desconhecidas. Às vezes, a coleção ou o editor são garantias sobre as quais pode apoiar-se. Cita, como exemplo, uma editora de livros de qualidade, Le Temps qu'il Fait. A biblioteca municipal também lhe permite fazer descobertas antes de comprar.
>
> Hoje, o conhecimento competente que adquiriu progressivamente do mundo dos livros é suficiente para que possa declarar: "Na verdade, estou bastante informado... É inteiramente normal, já que é minha paixão... Pude ver que, às vezes, estava mais informado do que os livreiros, que, no entanto, são profissionais".

A compra em si é regulada ritualmente. Toda semana ou no máximo a cada quinze dias, Jean-Baptiste vai a Marseille para fazer sua "ronda": "A constante, é uma constante, pois sempre a fiz, não é espiritual... mas eu não fico quinze dias sem ir a uma livraria. Faço sempre o mesmo percurso... Faço-o seja o que for que aconteça... Quando o meu irmão morreu, por exemplo, eu estava um pouco perdido, mas a fiz, é uma questão de equilíbrio, isso me faz bem". Nunca lhe aconteceu voltar de mãos vazias, já chegou a comprar quarenta livros de uma vez, como aquela série de Simenon, que ele queria completa. Sua caminhada pelas livrarias e pelos sebos, onde, segundo diz, é "conhecido como o lobo branco", ele não suporta fazê-la acompanhado e só retira plenamente todos os benefícios desse passeio quando se entrega a ele sozinho.

Pode-se descrever a evolução de sua relação com o objeto-livro e com os lugares de compra desde a adolescência como um périplo iniciático em que cada limiar transposto no conhecimento do mundo dos livros se traduz por uma modificação do objeto-livro e dos lugares onde compra. Na adolescência, tanto por causa da timidez quanto pela escassez de recursos, seu lugar de compra era uma loja que vendia apenas livros de bolso e seus editores preferidos eram J'Ai Lu e Le Livre de Poche. A passagem da brochura para o livro encadernado, o livro "normal", disse ele, foi feita graças ao anonimato que a venda por correspondência preserva. A FNAC em Marseille, quando era estudante, permitiu-lhe transpor uma etapa suplementar. Foram em seguida as livrarias, as "verdadeiras" livrarias, aquelas onde a pouco e pouco se entretece uma relação de cumplicidade entre o livreiro e o comprador. Depois das livrarias, a frequência aos sebos é uma solução feliz para um grande comprador. Neles se encontram não só livros mais antigos, mas também, pela metade do preço, livros novos graças aos "numerosos serviços de imprensa" que existem em Marseille. A evolução dos lugares de compra se analisa como uma evolução para o livro raro nos lugares menos comuns: do mais anônimo ao mais personalizado, do mais profano ao mais profissional, do mais efêmero ao mais duradouro (texto de Pudal) [Mauger, Fossé-Poliak, Pudal, 1999].

fundamentalmente de executivos, pessoas formadas com muitos anos de estudo e mulheres leitoras, mas ainda continuam simbolicamente inacessíveis às camadas populares, que se abastecem mais à vontade nos hipermercados ou supermercados (que recebem um número crescente e socialmente diverso de compradores: 27% em 2003), ou preferem inscrever-se em clubes do livro (que representam 16% das compras), ou fazer a aquisição por correspondência. Esse costume popular não deixa de lembrar a prática da compra por assinatura do século anterior.

O acesso ao livro é facilitado pelo desenvolvimento das bibliotecas municipais, cujo número vem aumentando regularmente (584 em 1964, são mais de três mil em 2005) e que recebem um público em franco crescimento (10% da população em 1979, 18% em 2005), ao mesmo tempo em que se desenvolvem os centros de informação e documentação (CDI) e as bibliotecas nas escolas de segundo grau. Esse aumento do público nas bibliotecas não se deve à maior frequência das camadas populares, mas ao crescimento do público familiarizado com o livro e que gosta de ler: os estudantes (30%), os executivos e as mulheres leitoras são seus principais usuários. Os empregados do comércio e os operários continuam sub-representados e vivem a biblioteca como um espaço constrangedor que lhes recorda a instituição escolar; os prazos impostos os assustam, não sabem escolher os livros e não têm coragem de pedir conselhos. Os leitores fracos apresentam a biblioteca "como o lugar privilegiado da leitura institucionalizada, programada, dividida por procedimentos de 'pesquisa', de escolha e de uso das obras que requerem uma formação, um treinamento para o qual não se acham preparados" [Bahloul, 1987].

O livro, apesar de sua relativa banalização, continua sendo um bem reservado àqueles que já gozam do benefício da cultura. A leitura de livros continua socialmente desigual. Quanto mais se ascende na hierarquia social, mais aumenta o número de livros lidos (Quadro 3).

Quadro 3: Número de livros lidos por variáveis sociodemográficas (em %)

Número de livros lidos	0	1 a 4	5 a 9	10 a 19	20 a 49	50 ou mais	Taxas de leitores
CONJUNTO	32	23	10	16	11	8	68
SEXO							
Homens	38	23	10	14	8	7	62
Mulheres	26	23	10	18	14	10	74
IDADE							
15 a 19 anos	29	27	11	15	15	6	71
20 a 24 anos	20	29	13	19	11	8	80
25 a 34 anos	27	26	13	18	10	6	73
35 a 44 anos	27	22	11	18	14	7	73
45 a 54 anos	33	21	9	15	12	10	67
55 a 64 anos	32	20	10	17	10	10	68
65 anos ou mais	43	20	6	11	11	10	57
NÍVEL DE FORMAÇÃO							
Nenhum, ou fundamental	52	22	5	9	6	6	48
Inferior ao do ensino médio	34	26	10	14	9	6	66
Ensino médio completo	17	19	15	20	13	15	83
Ensino médio +1 ou +2 anos de universidade	12	22	13	3	19	11	88
Ensino médio +3 anos de universidade ou superior	6	15	14	28	22	15	94
Secundário ou profissional	27	32	12	14	9	6	73
Pós-ensino médio	10	27	15	23	20	5	90
ATIVIDADE PROFISSIONAL							
Agricultor	59	16	7	10	5	4	41
Artesão, comerciante e diretor de empresa	45	18	9	11	8	8	55
Executivo ou profissão intelectualmente superior	9	18	16	25	20	12	91
Profissão intermediária	17	22	13	22	17	9	83
Empregado de comércio	27	27	10	18	11	6	73
Operário	47	26	6	10	6	4	53
Conjunto da população ativa empregada	28	24	11	18	12	7	72
Conjunto dos aposentados	40	20	7	13	10	10	60
Desempregado	32	20	12	17	12	7	68
Estudante	21	29	13	17	13	7	79
Outros inativos	40	22	9	12	8	9	60

Fonte: INSEE, pesquisa "Participation Culturelle et Sportive", maio de 2003.

Lugar da Leitura no Conjunto das Práticas Culturais

Para Bruno Maresca [2003], o consumo de livros é uma prática cultural de massa da mesma forma que o consumo televisivo. Ele mostra que a posse de um grande número de livros está ligada à posse dos discos, de CDs e DVDs, cujo conjunto constitui um grau muito elevado de interesse pela cultura. A prática da leitura, mesmo mantendo um lugar preponderante, parece indissociável de outras práticas culturais. Interessa ao conjunto das camadas sociais, mas a intensidade da leitura, quer medida pelo número de livros possuídos, comprados, quer pelos lidos, é o apanágio de uma elite (que alia diplomas, rendas elevadas e posição social), como o são o conjunto das práticas que estão relacionadas com a arte e a cultura. Levando em consideração diversas práticas como o fato de ir ao teatro, de visitar um monumento histórico, de frequentar uma biblioteca ou midiateca, de tocar um instrumento musical, de ler vinte e cinco livros por ano, de visitar uma mostra de arte por semana, Olivier Donnat comprova que essas práticas "estão ligadas intimamente à posição e à trajetória social dos indivíduos e aparecem como minoritárias, elitistas e cumulativas" [Donnat, 1999].

3. DIVERSIDADE DOS OBJETOS DE LEITURA

O livro não é o único objeto de leitura; somaram-se a eles outros impressos ou, às vezes, tomaram seu lugar. Desde os meados do século XIX, os suportes de leitura não pararam de aumentar e de diversificar-se, especialmente pela publicação de jornais diários, revistas e magazines [Kalifa, 2001].

Os Jornais

Os franceses não são grandes leitores da imprensa diária; nesse aspecto, são amplamente suplantados pelos escandinavos, pelos japoneses, pelos ingleses ou pelos alemães. Ao longo da década de 1960, perto de 60% dos franceses liam um jornal todos os dias, ou quase.

A partir da década de 1970, a leitura dos jornais diários não cessa de diminuir, substituída sem dúvida pelo jornal televisionado de maior audiência (*Pratiques Culturelles des Français*, 1989, 1997). Em 1997, a leitura de jornais continuava diminuindo: 36% dos franceses liam um todo dia, enquanto eram 43% em 1988 e 55% em 1973. Em 2007, apenas 21% dos franceses leem um jornal diário nacional. Em geral, são homens integrantes das categorias sociais superiores, pessoas formadas, pessoas de mais de 45 anos, habitantes de Paris ou da região metropolitana parisiense. Em contrapartida, as revistas de informação geral atingem um grande público, chegam a 49% dos franceses. Os periódicos ganham também um vasto contingente de leitores: ao longo da década de 2000, cerca de nove franceses em dez declaram ler regularmente pelo menos um. A imprensa regional conta com numerosos leitores, sobretudo no interior: é lida por 79% dos franceses (agricultores, moradores das comunas rurais, empregados do comércio, operários, pessoas idosas) que procuram informações que lhes interessam mais particularmente, sobre a vida local, acontecimentos diversos, eventos esportivos, dados sobre pessoas próximas (falecimentos, casamentos, nascimentos que ocorrem na localidade).

Os Magazines e as Revistas

É mais a leitura de magazines e revistas que progride regularmente e de forma espetacular (segundo a pesquisa do INSEE, entre 1967 e 1987 a porcentagem dos leitores de revistas ilustradas passa de 61% para 83%). Essa leitura resulta da multiplicação e da diversidade dos títulos e conquista um amplo contingente de leitores, mais particularmente as mulheres, as classes favorecidas e os jovens.

Às vésperas do ano 2000, magazines de televisão, magazines femininos, revistas de lazer atraem o público mais amplo [Charon, 1999]. Não para de aumentar o número de leitores do magazine de televisão: chegava a 58% dos franceses em 1997, e era lido por 73% em 2003. Os magazines femininos atingem 45% das mulheres, sobretudo comerciantes e empregadas do comércio. As revistas de lazer são lidas por 23% da população, abrangendo 30% dos executivos e dos operários. Essas revistas e magazines têm um contingente de leitores diversificado tanto na situação social quanto no nível de formação e constituem, neste novo século XXI, mais do que os livros, um poderoso fator de integração e homogeneização social. Seu estilo também é diverso: artigos de informação sobre a vida social ou a vida prática juntam-se a textos destinados a distrair, a anedotas, e a iconografia afirma ser divertida e atraente. Por intermédio dessas revistas e magazines se difundem ideologias, normas e valores sociais dominantes. Ao mesmo tempo, cada tipo de magazine se distingue de acordo com os públicos mais definidos que deseja atingir: a leitora de *Elle* pertence a um meio mais abastado do que a de *Femme Actuelle*, o público de *Télérama* tem mais instrução formal do que o de *Télé 7 Jours*. Os adolescentes de origem popular leem os magazines de moto, de *rock*, de esporte, e as moças do mesmo meio social se interessam por *Nous Deux*, *Girl*, *Bravo Girl*, *Jeune et Jolie*, enquanto os filhos dos executivos leem as revistas dos pais: *Le Nouvel Observateur*, *L'Express*, *Télérama*. As revistas de divulgação científica e técnica, os semanários de informação política e econômica, as revistas mais especializadas completam a contribuição das obras destinadas à formação e informação dos adolescentes, dos estudantes e dos adultos. Os principais aficionados de magazines comprados nas bancas de jornal são os leitores dos meios populares, aqueles que leem poucos livros e frequentemente têm dificuldades de ler. A diversidade dos assuntos, a apresentação com textos curtos ilustrados de imagens facilitam sua leitura, que os distrai e constitui um derivativo à vida cotidiana e profissional [Robine, 1984].

A leitura de revistas e magazines especializados completa a leitura de livros: será que permite descobrir novos horizontes de leitura e estimula a leitura de livros (Quadros 4 e 5)?

4. DIFERENCIAÇÃO DOS LEITORES SEGUNDO O SEXO, O CABEDAL CULTURAL FAMILIAR E ESCOLAR

O acesso ao livro, as escolhas de livros e de revistas variam conforme os grupos sociais, mas importa compreender por quais meios o ambiente social age sobre a leitura. Qual a importância das tradições culturais, da educação, das capacidades escolares sobre as variações dessa prática? De que maneira intervêm? Que fatores reforçam ou limitam a prática da leitura?

Diferenciação Segundo o Sexo

No ensino secundário, a diferença na prática da leitura entre os rapazes e as moças, já amplamente perceptível durante a década de 1960 [Hassenforder, 1967], torna-se espantosa na década de 1990. As alunas leem mais, de maneira mais intensa, e têm gostos específicos, gostam de ler sobretudo romances psicológicos do século XIX, os romances em que o herói é um adolescente e depoimentos; os rapazes preferem os romances de aventura. A intensidade da leitura das moças e seus gostos provêm de sua educação. Mais protegidas e vigiadas pelos pais, as moças são mais sedentárias (os rapazes saem mais com os colegas, praticam mais esportes), são mais estudiosas, conformam--se melhor às exigências escolares, leem mais do que os rapazes os livros prescritos pela escola [Singly, 1989; Baudelot, Cartier, Detrez, 1999]; têm melhores resultados em francês e são mais estimuladas e vigiadas nos estudos pelos pais que preveem para elas, com boa vontade, uma orientação para o campo literário [Duru-Bellat, Jarousse, 1996], diferentemente dos rapazes, que são orientados de preferência para a área científica. A diferenciação segundo o sexo permanece igualmente significativa nas leituras da população estudantil da Europa: na França, 15% das estudantes preferem, a qualquer outro lazer, ler em casa à noite para se distrair (caso de 9% dos estudantes): são principalmente leitoras de ficção.

Na idade adulta, mulheres e homens não leem com a mesma intensidade e não preferem o mesmo gênero de leitura. O aumento da leitura a partir da década de 1960 é perceptível entre as mulheres que, até então menos escolarizadas do que os rapazes, foram beneficiadas notavelmente pelo alongamento da escolaridade. Tornaram-se progressivamente mais leitoras do que os homens, e nesses últimos vinte e cinco anos a diferença de leitura entre os homens e as mulheres é constante [Lehingue, 2003].

"As mulheres, observa Olivier Donnat [1994], ultrapassam os homens em todas as atividades relacionadas com o livro, seja a frequência de compra, a intensidade da leitura ou a inscrição em biblioteca"; os homens são mais frequentemente leitores fracos e, no mesmo nível de formação, as mulheres sempre leem mais do que os homens.

Homens e mulheres não têm os mesmos interesses. Os romances sentimentais, os romances psicológicos, os documentários, as experiências vividas são preferidos pelas mulheres. Estejam em atividade ou não, permanecem dedicadas ao espaço de dentro, à interioridade, à casa. As obras de ciências e de ficção científica, de história, e romances policiais têm a preferência dos homens, mais solicitados pelo exterior, pela ação, pela história e pela política. De igual modo, as obras históricas, as revistas políticas e econômicas, os semanários de informação, as revistas de esporte continuam sendo leituras essencialmente masculinas. Quando as mulheres chegam a um nível de instrução superior, as normas tradicionais que pesam sobre suas práticas culturais se esvaem. Mulheres e homens têm, então, os mesmos gostos pela leitura de romances cultos, clássicos, ensaios [Parmentier, 1986].

Quadro 4-1: Tipo de livros lidos por variáveis sociodemográficas (em %)

Tipo de livros lidos	Romances policiais ou de espionagem	Romances sentimentais	Romances de autores clássicos	Romances de algum outro gênero
CONJUNTO	23	17	21	34
SEXO				
Homens	20	5	14	27
Mulheres	27	28	28	41
IDADE				
15 a 19 anos	21	15	28	39
20 a 24 anos	27	21	25	40
25 a 34 anos	26	10	20	41
35 a 44 anos	26	17	20	40
45 a 54 anos	25	20	23	34
55 a 64 anos	20	18	22	31
65 anos ou mais	19	18	19	22
NÍVEL DE FORMAÇÃO				
Nenhum, ou fundamental	13	16	9	17
Inferior ao do ensino médio	21	16	15	29
Ensino médio completo	29	24	35	46
Ensino médio +1 ou +2 anos de universidade	35	18	35	53
Ensino médio +3 anos de universidade ou superior	42	16	42	62
Secundário ou profissional	21	18	28	38
Pós-ensino médio	39	18	40	56
ATIVIDADE PROFISSIONAL				
Agricultor	9	13	6	14
Artesão, comerciante e diretor de empresa	18	7	18	26
Executivo ou profissão intelectualmente superior	36	15	39	58
Profissão intermediária	32	14	30	47
Empregado de comércio	27	24	21	41
Operário	13	7	6	16
Conjunto da população ativa empregada	26	15	22	38
Conjunto dos aposentados	19	18	19	25
Desempregado	23	15	18	34
Estudante	27	18	33	44
Outros inativos	19	22	16	28

Campo: pessoas de quinze anos ou mais.
Fonte: INSEE, pesquisa "Participation Culturelle et Sportive", maio de 2003.

Quadro 4-2: Tipo de livros lidos por variáveis sociodemográficas (em %)

Tipo de livros lidos	Livros sobre a história	Livros políticos, religiosos, econômicos, de ciências humanas	Livros técnicos e científicos	Livros de cozinha, decoração, trabalhos domésticos, mobiliário, jardinagem, guias de viagem
CONJUNTO	25	21	14	40
SEXO				
Homens	23	21	16	30
Mulheres	27	21	11	49
IDADE				
15 a 19 anos	21	13	17	20
20 a 24 anos	19	22	15	20
25 a 34 anos	20	24	17	35
35 a 44 anos	26	21	15	49
45 a 54 anos	26	24	15	49
55 a 64 anos	30	24	13	45
65 anos ou mais	27	15	7	27
NÍVEL DE FORMAÇÃO				
Nenhum, ou fundamental	14	8	4	30
Inferior ao do ensino médio	21	14	11	43
Ensino médio completo	38	28	17	50
Ensino médio +1 ou +2 anos de universidade	38	35	22	54
Ensino médio +3 anos de universidade ou superior	45	56	30	55
Secundário ou profissional	20	10	15	20
Pós-ensino médio	29	36	28	32
ATIVIDADE PROFISSIONAL				
Agricultor	11	9	11	19
Artesão, comerciante e diretor de empresa	24	20	15	31
Executivo ou profissão intelectualmente superior	40	50	27	53
Profissão intermediária	32	31	21	57
Empregado de comércio	22	15	11	51
Operário	12	7	9	35
Conjunto da população ativa empregada	25	23	16	47
Conjunto dos aposentados	30	16	9	32
Desempregado	24	29	15	45
Estudante	24	20	20	24
Outros inativos	15	15	6	39

Campo: pessoas de quinze anos ou mais.
Fonte: INSEE, pesquisa "Participation Culturelle et Sportive", maio de 2003.

Quadro 4-3: Tipo de livros lidos por variáveis sociodemográficas (em %)

Tipo de livros lidos	Livros de arte ou de fotografia	Livros sobre esporte	Outros tipos de livro
CONJUNTO	17	11	8
SEXO			
Homens	14	17	8
Mulheres	20	5	8
IDADE			
15 a 19 anos	19	20	7
20 a 24 anos	18	18	12
25 a 34 anos	19	12	11
35 a 44 anos	18	12	9
45 a 54 anos	19	10	7
55 a 64 anos	21	7	8
65 anos ou mais	10	4	6
NÍVEL DE FORMAÇÃO			
Nenhum, ou fundamental	5	5	7
Inferior ao do ensino médio	14	13	11
Ensino médio completo	22	9	10
Ensino médio +1 ou +2 anos de universidade	31	11	9
Ensino médio +3 anos de universidade ou superior	41	10	6
Secundário ou profissional	18	24	8
Pós-ensino médio	28	15	5
ATIVIDADE PROFISSIONAL			
Agricultor	2	2	4
Artesão, comerciante e diretor de empresa	17	13	4
Executivo ou profissão intelectualmente superior	36	10	13
Profissão intermediária	30	15	13
Empregado de comércio	14	10	8
Operário	7	15	7
Conjunto da população ativa empregada	19	12	9
Conjunto dos aposentados	13	5	7
Desempregado	18	10	8
Estudante	22	20	9
Outros inativos	12	4	5

Campo: pessoas de quinze anos ou mais.
Fonte: INSEE, pesquisa "Participation Culturelle et Sportive", maio de 2003.

Quadro 5: Leitura regular ou ocasional de magazines por variáveis sociodemográficas (em %)

Leitura ocasional ou regular de magazines, revistas ou periódicos.	De televisão	De história, literatura, cinema, pintura, música	De esporte	Científicas ou técnicas	De outro tipo*
CONJUNTO	73	17	15	17	47
SEXO					
Homens	69	16	24	22	37
Mulheres	76	19	6	13	56
IDADE					
15 a 19 anos	81	24	29	21	42
20 a 24 anos	68	26	20	21	51
25 a 34 anos	68	20	17	22	51
35 a 44 anos	70	18	19	21	50
45 a 54 anos	76	16	13	19	48
55 a 64 anos	73	16	11	16	49
65 anos ou mais	74	11	5	7	38
NÍVEL DE FORMAÇÃO					
Nenhum, ou fundamental	69	6	6	5	34
Inferior ao do ensino médio	79	14	18	15	46
Ensino médio completo	72	25	12	19	56
Ensino médio +1 ou +2 anos de universidade	71	28	20	34	64
Ensino médio +3 anos de universidade ou superior	64	37	13	36	66
Secundário ou profissional	79	22	31	23	41
Pós-ensino médio	70	37	17	31	51
ATIVIDADE PROFISSIONAL					
Agricultor	65	<1	8	15	43
Artesão, comerciante e diretor de empresa	61	17	22	23	32
Executivo ou profissão intelectualmente superior	57	31	14	36	64
Profissão intermediária	74	27	20	31	58
Empregado de comércio	78	16	13	14	55
Operário	73	7	25	11	35
Conjunto da população ativa empregada	71	10	18	21	51
Conjunto dos aposentados	75	12	7	9	41
Desempregado	66	18	14	18	46
Estudante	77	28	26	25	45
Outros inativos	73	13	3	8	43

* Informação geral, lazer, saúde, moda, família, beleza, decoração, cozinha, viagens, animais...
Campo: pessoas de quinze anos ou mais.
Fonte: INSEE, pesquisa "Participation Culturelle et Sportive", maio de 2003.

São as mulheres também, graças a seu papel tradicional de educadoras, que leem obras de pedagogia e de psicologia e desempenham papel decisivo na transmissão cultural. Quando são providas de cabedal cultural familiar e escolar, as mães intervêm na escolha das leituras dos filhos, orientam-lhes os gostos, controlam-lhes as leituras, discutem longamente com eles avaliações dadas sobre os livros lidos.

Diferenciação Segundo o Cabedal Cultural Familiar e o Cabedal Escolar

Fruto de longa familiarização com o livro, a leitura é uma prática adquirida muito cedo no meio familiar e torna-se, para os mais favorecidos, um hábito que, na maioria das vezes, as crianças das classes populares não têm a possibilidade de adquirir. O fato de terem uma biblioteca em casa, de terem livros à disposição, de poderem escolher livros, de verem os pais ler, de discutirem leituras, permite uma impregnação e constitui um cabedal cultural que vai acrescentar-se ao cabedal escolar. A instrução facilita a leitura, desenvolve a curiosidade, estimula a adquirir conhecimentos: quanto mais é elevado o nível de instrução, mais se refina e fortalece a capacidade de ler. Os detentores de um diploma de curso superior são na maioria das vezes grandes leitores e é entre os não--formados que se encontram os não-leitores: em 1997, 41% dos não-formados e dos portadores de diplomas de curso primário, 25% dos que têm nível médio, não leram nenhum livro durante o ano, enquanto, entre os bacharéis e os formados no ensino superior, 58% e 71% respectivamente leram mais de dez livros [Ministère de la Culture, *Les Pratiques Culturelles*, 1997].

Os leitores dos meios populares raramente são detentores de cabedal cultural e cabedal escolar, quase não procuram uma atividade solitária que os afaste de suas redes sociais, salvo se a leitura for uma ocasião de troca. Em vista de um percurso escolar mais ou menos caótico, a leitura exige deles grandes esforços e eles lhe consagram pouco tempo [Robine, 1984; Bahloul, 1987].

Os leitores populares manifestam um sentimento de afronta cultural quando, forçados a especificar suas leituras, experimentam certa vergonha em indicar que leem pouco, em mencionar seus gostos por leituras consideradas impróprias, referindo-se implícita ou explicitamente às obras da cultura legítima. Demonstram, todavia, certa indiferença aos sinais da legitimidade cultural, quando esquecem os nomes dos autores, os títulos das obras lidas.

A análise das práticas populares da leitura feita apenas em termos de submissão ou dependência no tocante à legitimidade cultural equivale a anular-lhes a especificidade; mas também fazer abstração das relações de dominação que esclarecem essas práticas leva a uma forma de populismo igualmente simplificador [Grignon, Passeron, 1989]. Os sociólogos não podem desprezar a contribuição dos trabalhos de Norbert Elias [1939], que analisa em função de interdependência e de influências recíprocas as práticas dominantes e dominadas, assim como não podem deixar de determinar as trocas assimétricas, as imitações entre práticas cultivadas e práticas populares (os operários amantes da literatura e da música clássica, os executivos com curso superior, que gostam de ler histórias em quadrinhos e são amantes do *rock*).

As pessoas formadas são cultas e leem com mais frequência obras da cultura legítima; no entanto, algumas leem pouco: a relação entre instrução e leitura não é nem estreita nem definitiva: o desejo de ler, de conhecer depende de circunstâncias, de fatores que intervêm ao longo da vida e podem modificar, desviar, atenuar os efeitos do cabedal cultural ou escolar adquirido ou herdado.

5. DIFERENCIAÇÃO DOS CONTEÚDOS E DOS USOS DA LEITURA

A maioria dos leitores investem interesses específicos em suas leituras em função dos conteúdos e também fazem delas usos diferenciados. De que maneira se pode distinguir essas leituras? Que usos aparecem? O nível de legitimidade das obras (definido pelo tipo de edição e pelos discursos críticos que lhes dizem respeito) introduz uma hierarquia entre os conteúdos e seus leitores classificados segundo seu nível escolar e cultural [Parmentier, 1986].

Leituras "Comuns"

Da leitura dos romances o leitor retira conhecimentos, ensinamentos na maneira de conduzir a vida, de compreender sentimentos, sofrimentos, alegrias, de enfrentar conflitos. A qualificação de "leitura comum" foi introduzida por Darnton [1985], quando analisou a leitura de *La Nouvelle Héloïse* por um rico negociante protestante do século XVIII. É um leitor qualquer, comum, cuja maneira de ler e compreender *La Nouvelle Heloïse*, de Jean-Jacques Rousseau, difere da da elite parisiense. Ele procura na leitura uma linha de conduta para a vida e para a educação dos filhos. Não lê com fins literários, mas para resolver problemas da vida cotidiana, moral, pessoal e familiar.

A partir desse exemplo, a noção de "leitura comum" permite identificar as leituras que correspondem a preocupações e interesses dos leitores diante dos problemas encontrados nos diferentes períodos de sua vida, quando a história, as experiências relatadas lhes permitem compreender suas próprias dificuldades [Lahire, 1993]. Poder ler a narrativa de uma experiência afetiva traumatizante (um amor frustrado, um luto, uma doença) permite ao leitor ou à leitora que teve a mesma experiência exorcizá-la, curar suas feridas. Esse tipo de leitura se encontra entre numerosos leitores das classes populares e médias, bem como entre os adolescentes que nela encontram um apoio, uma ajuda, um modelo (as autobiografias, os relatos de vida).

Leituras de Documentação, Leituras Práticas

As leituras de utilidade mais direta, que correspondem à busca de conselhos sobre a vida cotidiana ou a vida familiar,

Leituras Autodidáticas

Jean Hébrard [1985] conta o caso de um autodidata exemplar do século XVIII, Valentin Jamaury-Duval, que, de pequeno camponês expulso de casa aos treze anos, não-escolarizado, torna-se porém professor de história e de "antiguidades" na academia de Lunéville. Durante sua perambulação, torna-se pastor e parece ter sido alfabetizado pelos companheiros, tem nas mãos as fábulas de Esopo ilustradas e aprende a ler por meio da imagem, relacionando o texto com a imagem. No entanto, não se trata apenas de aprender a ler, mas de ler bem, tem necessidade de ser acompanhado em suas leituras: um professor primário a que se confia, depois um sacerdote, lhe darão as referências culturais necessárias e lhe evitarão todo e qualquer desvio ilegítimo de rumo na compreensão dos textos. O risco para os autodidatas é, realmente, não dominar as regras de interpretação, indispensáveis ao uso légitimo das leituras. Carlo Ginzburg conta a infelicidade do moleiro Menocchio, de Friuli, que, depois de haver elaborado sozinho, suas próprias interpretações dos textos religiosos, foi condenado à morte pela Inquisição [Ginsburg, 1980].

Os autodidatas da sociedade contemporânea se defrontam com essa busca das referências culturais legítimas. Frequentemente de origem popular, tendo sido forçado a interromper os estudos, ou tendo-se visto numa situação de fracasso escolar, o autodidata vive com uma frustração cultural e um rancor para com o sistema escolar, e aventura-se em leituras múltiplas, desordenadas, às vezes disparatadas para preencher as lacunas de sua formação. É, amiúde, um leitor bulímico e se acha numa posição contraditória perante a cultura legítima de que se sente excluído, rejeitado, da qual desconfia mas que deseja, porém, e da qual procura apropriar-se, afastando-se assim, por isso mesmo, de seu meio de origem no qual é um trânsfuga. Procura formações institucionais que lhe permitam adquirir conhecimentos que lhe possam dar as chaves de uma cultura legítima [Fossé-Poliak, 1992].

desenvolveram-se; permitem adquirir modos de fazer, conhecimentos de experiências que, tradicionalmente, eram transmitidas de uma geração à outra dentro da família ou na vizinhança. A mobilidade geográfica, as relações familiares mais frouxas, as mudanças na maneira de viver tornam mais difícil a transmissão entre as gerações das maneiras de fazer, de agir e comportar-se, e as obras e revistas de autoajuda tomaram o lugar da comunicação interpessoal. Numerosas obras e revistas de divulgação referentes à saúde, educação, pedagogia chegam às mãos de vasto público desejoso de encontrar respostas para as questões que o preocupam.

As leituras práticas são as de revistas e enciclopédias que tratam de atividades concretas ligadas às condições de vida, à organização da casa e aos problemas práticos da vida familiar e coti-

> *Leituras de "Livros Práticos"*
>
> Para começar, as leituras mais frequentes dos leitores mais fracos são leituras de "livros práticos", isto é, de textos que de modo algum se destinam a ser interpretados, mas a serem convertidos em prática, em série de gestos e ações práticas. É desnecessário dizer que são livros de cozinha, livros ou revistas de trabalhos domésticos, de decoração, de musculação... Pode-se qualificar essas leituras como pragmáticas na medida em que o texto encontra seu referente dentro de uma prática imediata; ela se articula com (ou se fixa em) uma configuração prática específica. Um leitor que quer construir uma divisória em seu apartamento, que "não sabia fazer" e compra uma revista que explica e mostra "como fazer"; uma leitora que compra revistas de jardinagem para aprender a manter seu jardinzinho no campo; um outro leitor que gosta de mecânica e compra revistas para aprender a desmontar totalmente o motor de seu carro; um leitor que lê um livro sobre eletricidade para fazer uma montagem elétrica: poder-se-ia mencionar à exaustão esses exemplos de leituras pragmáticas [Lahire, 1993].

diana. Essas leituras se fazem de maneira pontual, em função das necessidades imediatas; destinam-se ao "fazer", a serem convertidas em ações. As mulheres estão familiarizadas com elas, assim como os integrantes das classes populares (operários qualificados e não-qualificados, artesãos), que baseiam suas leituras, de preferência, na vida prática e concreta [Lahire, 1993], são aficcionados de enciclopédias práticas e de revistas de jardinagem, trabalhos domésticos, culinária, mecânica e também revistas ou obras documentais sobre os animais e as plantas. Jean-Louis Fabiani observa que, na prisão, o livro mais lido é o Código Penal, estudado cuidadosamente pelos detentos com o objetivo de preparar seu processo [Fabiani, Soldini, 1995]. Os executivos têm igualmente suas leituras documentais; não fazem os mesmos usos dessas leituras que os leitores populares: não leem as revistas de decoração para eles próprios decorarem seus interiores, mas para conhecer, para satisfazer uma curiosidade, aproveitar ideias para compras, ou mandar decorar por profissionais.

Leituras Profissionais

O "tempo livre", que tem crescido, é um tempo dedicado em princípio ao lazer, mas é também um tempo, às vezes, devorado pelo trabalho, pelas preocupações profissionais, pela inquietude da perspectiva sempre ameaçadora de perder o emprego. A necessidade de se informar, de se formar para atualizar seus conhecimentos e confirmar suas aptidões, poder corresponder às exigências do progresso técnico e científico obriga cada vez mais os adultos em atividade a se dedicarem, fora do tempo de trabalho, a leituras especializadas e ligadas à sua profissão.

As obras ou as revistas de divulgação, técnicas, científicas, que chegam até às pessoas providas de aptidões específicas e de níveis distintos satisfazem essa necessidade profissional. As atividades masculinas em particular (voltadas para o mundo das coisas materiais) reclamam leituras técnicas e científicas (16% dos homens leem quase sempre esse gênero de obra, cf. Quadro 4-2). Os homens formados, os executivos e engenheiros dedicam-se a esse gênero de leitura.

Num estudo sobre a leitura dos ferroviários, mostra Bernadette Seibel que as leituras desses trabalhadores têm estreita relação com suas funções profissionais. Aqueles que exercem um ofício de forte caráter técnico procuram consolidar suas aptidões e apoiar-se em conhecimentos práticos e técnicos, mas também em saberes mais formalizados e teóricos destinados a ajudá-los na dominação das novas tecnologias introduzidas mais recentemente (eletrônica, informática) e a compreender a lógica de seu funcionamento. Os ferroviários que têm uma atividade próxima do polo comercial deparam-se mais frequentemente com documentos escritos e têm de dominar conhecimentos gerais. Precisam conhecer os produtos e os serviços que terão de oferecer à clientela, saber escolher e organizar as informações, estar à vontade perante os clientes, saber exprimir-se com facilidade, poder argumentar e convencer. Esses orientam-se então para leituras mais literárias (romances psicológicos) [Seibel, 1991].

As profissões das mulheres estão mais ligadas "ao mundo das coisas humanas", à profissionalização das tarefas domésticas e maternais e ao papel relacional que se lhes atribui tradicionalmente: tarefas educativas (professoras de nível primário e médio), tarefas de cuidado e assistenciais (enfermeiras, assistentes sociais), tarefas que participam do universo das relações (secretariado, venda). As mulheres em atividade envolvidas em sua profissão dedicam-se a leituras que as apoiam em suas atividades; leem por obrigação ou por interesse ou pela preocupação de estar à altura do cumprimento de suas tarefas: são obras e revistas pedagógicas, psicológicas. Fazem leituras documentais sobre os problemas de saúde e doença, sobre a educação, a infância, a crise da adolescência (é o caso igualmente das mães de família que não trabalham fora).

As leituras documentais de revistas especializadas completam de igual modo a formação dos estudantes ao longo de seus estudos e estão em íntima relação com o curso universitário seguido: revistas de divulgação científica para os estudantes de ciências e matemáticas, revistas de informação e atualidades para os de ciências sociais e econômicas [Dendani, 1998].

Leituras de Distração, de Entretenimento

A leitura é também um lazer de descanso depois das fadigas do trabalho e corresponde à necessidade de se distrair, de se abstrair das preocupações com a vida cotidiana, familiar, profissional, de criar uma ruptura, de escapar das inquietações que invadem o espírito. Os revistas de lazer, os magazines de televisão, os romances sentimentais, "água com açúcar", da coleção Harlequin [Péquignot, 1991], de Delly, Cartland, as biografias romanceadas (para as mulheres), as novelas policiais do gênero espionagem ou de aventuras, as histórias em quadrinhos (para os homens), satisfazem essa necessidade de afastar-se do mundo real para penetrar num mundo separado da realidade concreta, imaginário, irreal no qual ninguém acredita nem se deixa prender. Essas leituras fáceis atraem mais as pessoas de formação escassa e do meio popular que querem fugir da vida de trabalho, esquecê-la, sem que lhes sejam exigidos esforços intelectuais muito grandes. São romances de sintaxe simples, tema acessível, onde facilmente se discerne a trama da história e se acompanha o fio da narrativa [Thiesse, 1984; Lahire, 1993]. A leitura das histórias em quadrinhos alimenta o lazer dos jovens operários e dos adolescentes [Robine, 1984]. Os executivos também gostam de folhear por alguns momentos uma história em quadrinhos à noite, após o trabalho: ela lhes proporciona o descanso necessário.

As leituras de entretenimento se diferenciam também, e se hierarquizam conforme seus conteúdos e seu grau de legitimidade e de acordo com os modos de investimento dos públicos: certos romances exigem mais atenção, reflexão da parte do leitor, exigem uma competência e também uma familiaridade anterior com narrativas mais refinadas. Então, esse gênero de literatura (romances psicológicos, romances históricos e também de ficção científica) é mais lido pelas classes médias ou altas. Nutre, enriquece sua vida imaginária, toca os sentimentos mais íntimos de leitores e leitoras, suscita discussões. São romances de trama complexa e rebuscada, onde as situações são problemáticas, onde a psicologia das personagens é posta em contraste. Uma hierarquia dos públicos e dos conteúdos caracteriza também os romances de ficção científica e as novelas policiais [Parmentier, 1986]. A leitura deixou de ser enquanto tal uma prática distintiva. Os leitores se diferenciam pelo conteúdo de suas leituras mas, por contágio e divulgação, os interesses das diversas categorias sociais em matéria de leitura tendem, às vezes, a se assemelhar. Ao mesmo tempo, certos conteúdos idênticos podem adquirir, para públicos distintos, significados distintos. Os usos da leitura são social e culturalmente variáveis. O que diferenciam de maneira sutil tanto as leituras quanto seus leitores são não só as características das diferentes obras lidas (nível cultural, complexidade do estilo e do modo de narrar, tipos de documentários) e seu nível de legitimidade, mas também a maneira como os leitores amoldam-se a elas.

6. OS ITINERÁRIOS DE LEITURA

A Descoberta da Leitura

O amor pela leitura não é um dom que caiu do céu; descobre-se à medida que se pratica; o não-leitor, aquele que não se habituou a ler, não sente sua necessidade, não tem a sensação de uma falta. Às vezes, a descoberta da leitura, o despertar progressivo do gosto de ler transforma a existência daquele que ignorava a "dor da vida sem os livros" [Sallenave, 1991].

Essa descoberta se faz, às vezes, ao longo de um avanço escolar, ao sabor de uma relação calorosa estabelecida com um professor. Pode ter uma função terapêutica, ser a expressão de um desejo de sobrevivência. A progressiva autoiniciação de uma jovem imigrada na leitura, a maneira como ela deu sentido à sua vida, é um caso paradigmático descrito por Abdelmalek Sayad [1995]. Filha mais velha de imigrantes argelinos, que vieram para a França na década de 1950, Zina obtém aos dezesseis anos um CAP (Certificado de Aptidão Profissional) de auxiliar de escritório. Depois desse certificado, continua na casa dos pais, quase aprisionada, obrigada a submeter-se à ordem familiar, dedicando-se aos afazeres domésticos. Enclausurada, isolada de tudo, refugiando-se no silêncio, vive em estado de depressão. Sua privação cultural é total, não há livros na casa. Para essas famílias ler parece uma atividade inútil ou subversiva, sobretudo para as moças; a leitura é por assim dizer uma atividade proibida. Para sair de sua prisão mental, ela procura ler tudo, qualquer coisa, os livros didáticos de seus irmãozinhos, a folha de jornal onde foi embrulhada a verdura, magazines encontrados no hospital onde faz estágio, o dicionário do qual decora páginas inteiras. Usa de astúcia para ler. Lê tudo o que encontra, lê com furor, para existir, para distrair-se, escapar de um universo fechado. Depois, graças à sua irmã mais nova que frequentava a escola, descobre a literatura, o sentido profundo e oculto dos textos. "A leitura foi para ela (acentua Sayad) um ato de sobrevivência, um ato de integridade mental, uma espécie de terapia contra situações de alienação que teriam podido, sem isso, conduzi-la inevitavelmente ao hospital psiquiátrico."

A Biografia do Leitor

O leitor muda e renova suas leituras ao sabor de suas experiências; abandona ou retoma a prática da leitura, modifica suas escolhas. Não-leitores podem tornar-se grandes leitores; pode-se perder ou adquirir a familiarização com o livro conforme as peripécias da vida, graças a encontros mais ou menos estimulantes; grandes leitores perdem, às vezes, sua atração pelo livro, perdem o interesse por ele. O amor pela leitura se descobre ou se redescobre em diversos períodos da existência: um estado de crise afetiva pode provocar a rejeição da leitura ou voltar a dar um sentido a essa prática. Quando se constitui uma família, quando se entra numa profissão, a leitura pode ser abandonada e depois reaparecer no momento da aposentadoria. Os períodos de afastamento forçado (doença, prisão) revelam ou não o desejo de ler. A leitura pode ser um reconforto depois de um luto, após um rompimento afetivo, e permite também a reconstrução de uma identidade. A monotonia, o tédio no meio carcerário estimulam a busca da leitura para esquecer a realidade da detenção, para repelir os muros do cárcere ao permitir a imersão numa narrativa ficcional ou numa história vivida, a não ser que um estado depressivo ligado ao aprisionamento impeça qualquer possibilidade de interesse pelo livro. Toda uma série de acontecimentos, de experiências ao longo de uma vida despertam ou modificam, conforme o caso, a atração pela leitura em geral, por este ou aquele gênero de livros, ou transformam a maneira de compreender e de interpretar este ou aquele texto. Mauger, Fossé-Poliak, Pudal [1999] acompanham por longo período os itinerários acidentados ou contínuos das leituras de adultos integrando esses itinerários no percurso biográfico de cada um. Apresentam, entre outros, o exemplo de uma jovem, estilista de profissão, despreocupada, que, após separar-se do marido, vive uma crise de identidade e faz verdadeira "entrada na leitura". Renuncia à frivolidade para entregar-se à reflexão, à interioridade. A leitura torna-se para ela uma atividade séria, que a ajuda a se reconstruir. Surgem universos diversificados de leitura onde se descobre que mediações às vezes sutis vêm atenuar o peso dos determinismos culturais e sociais. A prática da leitura tem também sua vida própria. As leituras se sucedem, mas nem sempre se assemelham; elas se influenciam, modificam, agem sobre o leitor, levado a desviar seu trajeto à mercê de seus encontros e de seus desejos.

V. As Modalidades da Leitura

As maneiras de ler dependem das condições da leitura, dos momentos e do tempo que lhe são concedidos, do papel simbólico que lhe é atribuído. Aparentemente, as modalidades da leitura são tanto unificadas – generalizou-se a leitura como prática individual, particular, que se efetua quase sempre no silêncio – quanto diversificadas, devido à variedade dos textos, às múltiplas situações de leitura, às experiências anteriores de leitura que cada um tem. Ao se tornar prática de âmbito privado, seria a leitura apenas uma experiência solitária? Não seria também uma troca? Quais são as diversas modalidades da leitura? Em que consistem os diferentes modos de apropriação dos textos?

1. LEITURA E SOCIABILIDADE

A leitura, por intermédio do objeto livro, é uma troca com outrem de maneira visível, evidente. O objeto livro circula de mão em mão, se troca, se empresta e se dá de presente. O livro dado não é anônimo, é uma prova de afeição, de solicitude, revela a personalidade de quem dá, suas aptidões, seus gostos específicos, seus interesses; é um convite à compreensão do outro. Quem recebe o livro emprestado ou dado, lê-o em primeiro lugar para dar prazer a quem deu, para testemunhar-lhe de volta sua afeição; é o caso da criança que recebe de presente um livro escolhido pela avó ou a assinatura de uma revista; ela não está sempre propensa a ler o que não conhece, mas se obriga a fazê-lo por atenção com a avó, depois se apaixona pela história ou aventura contada no romance, descobre mundos desconhecidos nos artigos da revista. O conteúdo do livro lhe permite conhecer mais profundamente aquele que o deu. Estabelece-se uma comunicação imediata ou prolongada por meio do livro. A leitura é fonte de diálogos, de discussões; leitura e diálogo se nutrem e reforçam – a não ser que revelem e ressaltem um desacordo, uma antinomia, uma incompatibilidade – a ligação existente entre as pessoas em causa. *Diz-me o que lês, o que gostas de ler, e eu te direi quem és*, poderia ser um provérbio.

O livro emprestado traz a marca de seu proprietário, foi anotado, algumas passagens sublinhadas; a obra portadora desses sinais íntimos é o penhor de uma amizade, uma marca de confiança. "Não se empresta, não se troca com pessoas de que não se gosta", dizem as pessoas entrevistadas a seu interlocutor [Evans, 1991]. A leitura reforça a relação entre indivíduos, a compreensão mútua, permite compartilhar um mesmo universo imaginário. É o fruto de encontros amigos, amorosos, profissionais. As recomendações específicas, os comentários apaixonados de leituras feitas por colegas estimulam a leitura de determinadas obras.

A prática da leitura das crianças e adolescentes faz parte de uma relação de amizade, de conivência. Os adolescentes têm o costume de transmitir entre si, oralmente, o conteúdo dos livros que lhes interessaram, falam do que leram, estimulam os colegas a compartilhar suas leituras para comunicar suas impressões, para compará-las, verificar o que compreenderam. Evocam suas leituras entre si, trocam e aconselham livros. Muitas vezes, os adolescentes praticam a leitura coletiva, leem em conjunto uma mesma história em quadrinhos, leitura acompanhada de comentários, de reflexões, de brincadeiras.

Nos meios populares, a prática da leitura se realiza na relação convivial do mundo do trabalho, da família ou da vizinhança, ela existe apenas se for compartilhada e continua sendo uma prática coletiva em que domina a comunicação oral, insere-se na rede de inter-relações mantida na vida cotidiana [Naffrechoux, 1987].

Nos cafés, após o trabalho, no momento do descanso, transmitem e comentam entre si as últimas novidades do dia, as informações lidas nos jornais ou nas revistas. Assim, dá-se continuidade a uma tradição antiga ligada à vida citadina, rica em confraternizações, reuniões, encontros onde as notícias circulavam e eram comentadas. Ver televisão se torna, porém, uma prática coletiva que substitui a leitura: vê-se a televisão em família, às vezes com amigos, e as informações televisivas, as novelas tornam-se, mais do que as leituras, objeto de comentários e apreciações.

2. LEITURA E TELEVISÃO

A prática da leitura difundida pela oralidade e acompanhada de imagens tem continuidade na sociedade contemporânea. No século xx, são as imagens publicitárias (*outdoors* nas paredes da cidade, curtas de propaganda na televisão) que transmitem modelos de comportamento, instigando o consumo.

A palavra radiodifundida, depois a palavra do apresentador unida à imagem televisionada substituíram a pessoa do leitor--mediador. Já não se precisa ler o jornal, é oferecido para se ver e entender, a maneira como o jornalista apresenta e escolhe as informações, as palavras que pronuncia, as imagens sobre as quais se apoia o texto falado, tudo tende a indicar ao ouvinte-espectador como as notícias devem ser compreendidas, o que significam, o que ele deve compreender. A voz e a imagem assumem o papel da leitura do texto, na verdade os jornais diários são lidos cada vez menos: são escutados e olhados na televisão.

As novelas e séries televisionadas criadas a partir de romances são um suporte, um apoio à leitura dos textos, incitam à leitura dos romances e orientam sua compreensão e interpretação. O folhetim televisionado é, como o leitor que lia antigamente em voz alta, uma mediação ativa e eficaz da leitura; como aquele, exerce uma influência ao propor uma interpretação do texto. Depois de ver um folhetim televisionado, pode-se pensar que o leitor tende a ler o romance quase sempre pelo prisma do que viu, compreendeu e sentiu diante do televisor. A televisão não é uma concorrente da leitura, ao contrário das repetidas afirmações. Se os telespectadores adultos mais assíduos não são leitores fervorosos, se os leitores mais apaixonados tendem a conceder uma atenção menor à televisão, não se pode concluir que a leitura de livros seja substituída por ver televisão [Establet, Felouzis, 1992]. As pesquisas realizadas com adolescentes mostram que aqueles que são leitores veem com tanta frequência a televisão quanto os não-leitores. Michel Peroni indaga sobre os efeitos dos programas literários sobre a leitura (desde *Lectures pour Tous* a *Apostrophes*), programas que ofereciam entrevistas com escritores, apresentação de livros, discussões em torno do livro). Aproveitando os dados de diversas sondagens, mostra que a audiência dos programas literárias é correlata à intensidade da leitura. Os grandes leitores são os telespectadores mais assíduos desses programas, que também são vistos pelos inativos, em especial as mulheres, pelos operários qualificados e operários especializados que são estimulados a desejar adquirir alguns dos livros apresentados; os que não concluíram o ensino médio constituem mais ou menos dois terços de seu público [Peroni, 1991].

3. LEITURA E "CIVILIZAÇÃO DOS COSTUMES"

Se a leitura midiatizada pelo oral e pela imagem perdura, se a leitura em voz alta continua preconizada para facilitar o acesso das crianças à leitura, a prática da leitura silenciosa e individual substitui cada vez mais a leitura oral e coletiva e propagou-se ao longo dos séculos para o conjunto da sociedade.

As mudanças na prática da leitura parecem-nos fazer parte do processo da "civilização dos costumes" analisado por Norbert Elias [1939], processo que consiste num recalque gradativo das paixões e emoções, e na passagem das coerções impostas de fora para a autocoerção; as modificações dos modos de vida e o desenvolvimento do individualismo assinalam também a civilização dos costumes. A prática da leitura transforma-se sob o efeito das mudanças no modo de morar (da grande sala coletiva onde todos comem, vivem e dormem para as peças individuais e separadas, que facilitam a intimidade) e da passagem de um modo de vida coletivo para uma vida familiar privada reduzida aos parentes próximos: a leitura torna-se uma atividade individual, particular, concentrada. As maneiras de ler, de se comportar durante a leitura, de manifestar ou esconder suas impressões, de conter as emoções durante a leitura correspondem a normas sociais interiorizadas.

Autocontrole das Atitudes e dos Sentimentos

O autocontrole é o privilégio da elite social; intervém nas atitudes de leitura e nos sentimentos experimentados durante sua prática. Quando os nobres, e depois os burgueses, fazem primeiro a aquisição de livros para si próprios, leem na solidão e no silêncio de seu gabinete de trabalho, ao passo que a leitura popular, oral, comentada, em público, é feita em reuniões, serões em torno de um encontro comunitário. O leitor da burguesia em ascensão continua senhor de sua compreensão do texto e mantém o controle de sua atitude, lê em silêncio, para si mesmo, sem exteriorizar suas emoções, a leitura se torna íntima e pessoal, um ato de interioridade. O leitor controla sua voz a princípio (lê em voz baixa, murmurando, depois deixa de mexer os lábios, sua leitura torna-se silenciosa), seus gestos, sua fisionomia; a emoção que sente mantém-se secreta, particular. Os sentimentos que o animam são pouco a pouco dissimulados, guardados, repelidos.

Por sua atitude, o leitor mantém distância com o texto escrito, distância que se manifesta pela posição do corpo sempre reto. Como se fosse o alimento que não deve devorar, o leitor guarda sua discrição diante do texto. Essa maneira de ler, ligada também à sacralização, ao respeito ao livro, difundiu-se pouco a pouco no conjunto do corpo social. Seja em casa seja nos lugares públicos, é sempre uma leitura em que o corpo, os gestos, a fisionomia se mantêm sob o controle do indivíduo. Doravante, a leitura continua sendo, para os leitores, uma atividade secreta, íntima, a respeito da qual se abrem pouco, salvo com aqueles de que se sentem próximos. Desvelar as impressões profundas que certas leituras provocam, sua repercussão em seu mundo interior, é entregar-se, correr riscos diante de outrem, manifestar certa impudência. Numa das suas conferências no Collège de France, Pierre Bourdieu observava que, na sociedade moderna, cada vez mais permissiva, as práticas sexuais eram apregoadas mais aberta e prazerosamente do que as práticas de leitura, mantidas mais secretas e íntimas.

No entanto, essas atitudes e comportamentos autocontrolados tornam-se menos frequentes na sociedade contemporânea, em que os costumes são menos refreados; as atitudes de leitura se tornam, às vezes, mais "descuidadas". As obras de pintura situadas em épocas diferentes e as imagens publicitárias são reveladoras das mudanças de atitude: Renoir pinta mocinhas lendo de maneira aplicada, sentadas muito retas em sua cadeira, sob o olhar atento da mãe; em contrapartida, as posturas despreocupadas, ambíguas, das mocinhas leitoras, pintadas por Balthus, são um testemunho da banalização e dessacralização do livro e da ausência de reserva nas atitudes de leitura. As propagandas apresentam, de boa vontade, leitores tranquilos, descansando (corpo esticado num sofá). Em compensação, a prática da leitura culta, como os comportamentos dos públicos diante das obras da cultura culta, ainda obedece a normas interiorizadas de autocontrole. Nos concertos de música clássica, nas representações teatrais, nas visitas a museus ou exposições, o silêncio é respeitado, as atitudes são marcadas pelo rigor e obedecem a códigos interiorizados de boa conduta (não perturbar, não expressar seus sentimentos, não se aproximar demais dos quadros). A prática da leitura continua a ser silenciosa e dela se apossaram as classes populares, que, embora procurem a troca, o convívio e tenham o costume de exteriorizar seus sentimentos, mantém também uma certa reserva, uma certa distância diante de suas leituras às quais concedem uma "atenção oblíqua" [Hoggart, 1957].

Leituras do Século XX: Do Modo de Leitura Linear, Contínuo, à Leitura "em Pedaços"

No século XX, a leitura letrada é o modelo da leitura de livros; o livro é lido continuadamente, do começo ao fim, de maneira linear, concentrada, intensiva. Na última terça parte do século, a leitura linear perde sua preponderância, deixa de ser o modelo da leitura. Inúmeros leitores já não leem uma obra do começo ao fim, certos capítulos ou certas passagens são lidos de maneira seletiva em detrimento de outros. O modo de leitura varia conforme o tipo de impresso (obra ou revista), segundo suas características e segundo os objetivos atribuídos à leitura. Os estudantes, por exemplo, recorreram frequentemente a um modo diferente de leitura: leituras fragmentadas de excertos de obras. As leituras utilitárias, de documentação, feitas nas enciclopédias práticas, nos livros de autoajuda, são parcelares e incidem sobre um elemento da obra, partes do texto, satisfazem necessidades imediatas e circunscritas. Inúmeras obras destinadas apenas a ser consultadas ou folheadas convidam a uma leitura rápida, picada. A leitura torna-se cada vez mais uma atividade fragmentada, quebrada, descontínua. O leitor passa muitas vezes de uma leitura à outra. É o caso particular das leituras de revistas ou de magazines em que os textos são curtos, entrecortados por outros artigos ou por propagandas que dispersam a atenção do leitor. Diante da abundância de textos, a leitura torna-se uma atividade desconcentrada e multiforme. Leem-se vários livros ao mesmo tempo, passa-se de uma leitura à outra; cada vez menos momentos específicos são dedicados à leitura, lê-se nos meios de transporte, fazendo outra coisa, ouvindo televisão, música, saboreando uma refeição, à espera de uma consulta médica. O tempo consagrado à leitura é um tempo intermitente, subtraído, roubado a outras atividades. Enfim, o silêncio deixa de ser associado à leitura; lê-se no meio do barulho, ouvindo discos, rádio. A prática da leitura parece passar por uma mutação que tende a uma maior dispersão, fragmentação [Donnat, 1994].

4. OS LUGARES PÚBLICOS DE LEITURA

A evolução dos lugares consagrados à leitura é o reflexo da evolução do lugar simbólico concedido ao livro. Como se diferenciam os públicos das bibliotecas? Quais ou seus comportamentos?

As Bibliotecas Municipais do Século XX: Leitura in Loco
e Empréstimo de Livros

As bibliotecas do século XX têm uma dupla origem: são sucessoras ao mesmo tempo das bibliotecas populares criadas no século anterior para estimular as camadas populares a ler, e das bibliotecas eruditas onde eram conservados e protegidos os livros da nobreza, confiscados na época da Revolução. Austeras, eram "santuários" do saber, consagrados à leitura culta e frequentados pelas pessoas eruditas e pela elite; nelas reinava um silêncio monacal.

O século XX caracteriza-se pelo aumento das bibliotecas municipais, sobretudo depois da década de 1970. Continuam distribuídas de maneira desigual pelo território francês e são implantadas quase sempre nas localidades mais favorecidas social e culturalmente. As comunas operárias cada vez mais desindustrializadas e sofrendo com a redução do sistema fiscal local acumulam dificuldades [Préteceille, 1995]. As pequenas aglomerações são pouco beneficiadas com bibliotecas. O lugar da biblioteca no ambiente social e urbano, a maneira como se insere na vida dos habitantes facilitam ou não sua frequência. O desenvolvimento das bibliotecas de bairro permite tornar o livro mais acessível às camadas sociais que têm pouca familiaridade com ele. No entanto, a proximidade espacial não suprime a distância social e simbólica da leitura [Passeron, 1991], pois esta põe em jogo aptidões e atitudes culturais ligadas às representações simbólicas do livro e da leitura.

As bibliotecas municipais são permeadas por contradições oriundas, em parte, de sua dupla herança, que faz delas a um tempo um lugar de conservação, arrumação, classificação e proteção do livro ("santuário") e lugar de acesso e estímulo à leitura, à difusão do livro.

A Biblioteca: Lugar de Estudos e Leitura, e Lugar de Convívio Social

As bibliotecas são lugares onde se pode ler *in loco* livros e, mais recentemente, impressos variados (jornais, periódicos, revistas, magazines) com "livre acesso" e livre escolha para todos e possibilitam aos usuários tomar livros emprestados. A vontade das bibliotecas é dupla: desde a década de 1960, o objetivo é fazer das bibliotecas um local consagrado à leitura e ao estudo, exigindo o silêncio necessário à concentração (37% dos estudantes as frequentam) e, simultaneamente, um lugar de convívio social (que abrange as cafeterias), de trocas, de encontros, destinado a um grande público de adultos, adolescentes e crianças. Tenta-se, pois, tornar a biblioteca um lugar acolhedor, aberto a numerosas atividades culturais, entre elas a leitura, e destinado a todos. Essa abertura se concretiza por atividades, exposições, narrativas contadas por contadores de histórias [Seibel, 1983].

Nesses últimos anos, foram criadas bibliotecas reservadas às crianças e aos jovens. Assim, os pais do meio popular francês ou imigrado que acompanham seus filhos para participar das audições de leitura de contos impregnam-se do universo dos livros. Esse convívio desejado e procurado não deixa de lembrar as reuniões populares nos serões de outrora em torno do texto escrito. Bibliotecas onde o barulho é tolerado coexistem com aquelas onde reina o silêncio.

Os bibliotecários desempenham um papel de responsabilização, debatem com o leitor, aconselham-no com frequência, orientam as leituras em função dos gostos individuais expressos, sem impor como antigamente as "boas leituras" segundo os critérios morais.

Ao contrário dos pais, os adolescentes dos meios populares gostam de ir às bibliotecas para ler ou efetuar trocas de ideias. Sentem-se acolhidos, podem receber ajuda em seus deveres escolares e encontrar o conforto de serem ouvidos pelo bibliotecário [Petit, 1997]. Os adultos fiéis, *habitués* das bibliotecas, aqueles que vêm ler e tomar livros emprestados uma ou várias vezes por semana estão aumentando: eram 20% dos inscritos em 1979 e em 1995 são 58%. Com a abertura das portas da biblioteca uma primeira vez e a eliminação das barreiras simbólicas do acesso à cultura, adquire-se mais facilmente o hábito de frequentar a biblioteca.

O livro perde pouco e pouco sua supremacia nas bibliotecas municipais contemporâneas, sofre a concorrência dos impressos mais diversos e de outros objetos culturais (música, imagens). Nessas midiatecas, os leitores podem igualmente dispor de meios audiovisuais, tomar emprestados discos, CDs, videocassetes, CD-ROMs, programas de informática. O livro torna-se um bem cultural como qualquer outro. As bibliotecas viram midiatecas frequentadas por um número crescente de jovens e por um público adulto pertencente às classes médias [Passeron, 1985].

As Maneiras de Ler em Biblioteca

As maneiras de dirigir-se ao bibliotecário, de vaguear por ela, de chocar-se ou não com cadeiras e leitores, ou de andar a passos cautelosos, de falar alto ou murmurar bem baixinho, de escolher e apanhar um livro emprestado, de ler, variam conforme as características sociais do público. Há uma forma de se apropriar do espaço que distingue os que procuram a solidão, o silêncio, o evitar de todo contato físico ou verbal com os outros leitores e os que procuram o diálogo, ou desejam manifestar sua presença pelo ruído [Naffrechoux, 1987]. O livre acesso ao livro, transmitido outrora como que com pesar por um(a) bibliotecário(a) mais preocupado(a) em proteger o livro do que em fazer que o leiam, modificou a relação com o livro, doravante ao alcance da mão, mas nem sempre facilita a leitura dos mais desfavorecidos, que esperam conselhos sem ter coragem de pedi-los [Barbier-Bouvet, 1986]. O código de civilidade que rege as maneiras de se apropriar do livro é variável, revela a reverência ou irreverência para com ele e diante dos outros leitores. Numerosos leitores anotam no livro, comentam por escrito certas passagens do texto, rasgam as páginas para uso próprio, dobram a obra, quebram-lhe as pontas. Os livros lidos com mais frequência trazem os traços das diversas manipulações, são também normalmente objetos de roubo, e agora toda biblioteca (como as grandes lojas), quer se dedique a universitários, quer a um público mais amplo, adota sistemas eletrônicos de vigilância. Tantos são os sinais que testemunham uma falta de respeito ao livro e ao leitor, e uma rejeição das normas de civilidade.

A Biblioteca Beaubourg

... Um pouco por toda a parte, à minha volta, pessoas liam entre as estantes, consultavam um livro que acabavam de apanhar numa prateleira e cujas páginas viravam calmamente. Algumas delas estavam sentadas no chão no tapete, para ler mais à vontade, uma peça de roupa embolada ao lado delas, ou uma minúscula mochila enfiada nas costas, outras tinham arranjado lugar nos canos de aquecimento e liam distraidamente uma história em quadrinhos, um anoraque sobre os joelhos, ao lado de algum mandrião de casacão xadrez, que devia estar farto dos colóquios mantidos pelos colegas no chão. Eu me havia metido entre as estantes e avançava lentamente entre duas alas de livros. Às vezes, pegava casualmente uma obra nas prateleiras, que folheava um momento ao acaso antes de repô-la no lugar... [Toussaint, 1997].

As Bibliotecas da Elite Culta

Bibliotecas como a Bibliotèque Nationale (BNF) antes de transferir-se (em 1994), a Très Grande Bibliothèque (TGB), as bibliotecas universitárias se destinam a um público específico, composto de leitores muito especiais, de diplomas de curso superior, e culturalmente homogêneos; esses leitores, em especial os da BNF, têm uma conivência com esse lugar "santuário", gostam de encontrar-se no mesmo lugar, num cenário sempre idêntico e tranquilizador; eles se conhecem e se reconhecem por pequenos sinais e têm os mesmos códigos de conveniência: respeito ao silêncio, gestos medidos, preocupação de não incomodar, de não manter conversas, de evitar toda e qualquer motivo de distração para si mesmo ou para os outros [Baudelot, 1994]. Aberta ao grande público, a TGB criou, porém, espaços separados, introduzindo uma distinção entre os usuários que possuem diplomas de curso superior, os pesquisadores que vão trabalhar, situados nas salas ao nível do jardim, e o grande público, colocado no "alto do jardim". Do mesmo modo, as bibliotecas universitárias atendem a um público diferenciado, com espaços reservados aos estudantes do primeiro ciclo que vão ali estudar, documentar-se e procurar indicações bibliográficas, e espaços destinados tanto aos estudantes de terceiro ciclo e aos pesquisadores. As bibliotecas universitárias francesas continuam a apresentar um déficit no tocante ao número de lugares necessários para acolher os estudantes (95 bibliotecas universitárias na França, oitenta mil locais de trabalho, 1200000 inscritos) [Bertrand, 1998].

Outros Lugares de Leitura

Tendo em vista as mudanças do modo de vida, a leitura deixou de ser reservada a lugares específicos e pode ser feita a todo momento. A mobilidade geográfica cotidiana em virtude da concentração das atividades econômicas nas cidades, a duração crescente do tempo de transporte necessário para ir de casa ao local de trabalho, a multiplicidade dos trajetos semanais impostos pelas exigências do dia a dia profissional, a extensão das viagens turísticas, tudo isso oferece ocasiões de leitura. O tempo de transporte de curta ou longa duração é amiúde um tempo dedicado à leitura. Trata-se de uma leitura solitária que é vista em público mas exige uma atitude de autodistanciamento dos outros, de distância para outrem, de isolamento interior, apesar da proximidade ou mesmo promiscuidade dos outros viajantes. A leitura nos cafés, nos restaurantes é igualmente frequente, como se o ruído em volta facilitasse uma forma de concentração.

O Livro em Casa

A leitura integra-se também ao espaço doméstico e cotidiano. A biblioteca pessoal que se possui coloca o livro ao alcance da mão, revela os interesses, o lugar e a importância concedidos à leitura pelo dono da casa, tem também uma função ostentatória: os livros são tanto elementos de cenário estético quanto expressão da importância que se dá ao conhecimento. Presente nos salões burgueses cujas paredes ela reveste (as obras pintadas de Vuillard são uma ilustração disso), ou mais discreta na intimidade dos quartos, existe também, às vezes, na forma de estantes nas cozinhas, lugares de vida das camadas populares.

Hoje, toda família possui uma biblioteca mais ou menos provida; é o caso dos integrantes das profissões liberais e dos executivos; a biblioteca dessas pessoas revela seus interesses presentes e passados; os livros que já não lhes interessam, os livros proibidos (livros eróticos e políticos) são frequentemente relegados às prateleiras mais altas, quase inacessíveis [Mauger, Pudal, Fossé-Poliak, 1999]. Os empregados do comércio têm ao mesmo tempo poucos livros e poucos lugares para guardá-los, fora de algumas estantes reservadas para esse fim; um tempo pequeno é dedicado à leitura, são as mulheres, sobretudo, que leem, à noite descansando, antes de dormir, os romances sentimentais rapidamente lidos e rapidamente abandonados. As classes populares possuem poucos livros, que não são arrumados nem classificados, não têm um móvel que lhes seja destinado especificamente. O respeito ao livro e ao conhecimento que ele contém, o distanciamento dele, o sentimento de desmerecimento cultural que o acompanha, criam uma barreira simbólica que frequentemente entrava o uso do livro. A falta de biblioteca pode indicar a falta de uma memória organizada, de uma referência de leituras presentes ou futuras; as enciclopédias práticas, as revistas, os magazines presentes nas estantes da cozinha têm uma utilidade imediata, não exigem lugar ou momento que lhes seja consagrado de forma específica.

5. MODOS DE APROPRIAÇÃO DA LEITURA

A Leitura É uma Atividade Inventiva

A leitura não é uma consumação passiva; é descoberta, invenção sempre renovada pelo leitor do sentido do texto, que não é unívoco mas plural. Mesmo que as instituições (a Igreja, a Escola) procurem impor o que é, segundo elas, o verdadeiro sentido do texto, uma leitura legítima, o leitor insinua "sempre sua inventividade nas fendas da ortodoxia natural". A leitura é uma atividade dinâmica, sempre em movimento, feita de antecipações, de previsões, é apropriação ativa do texto. É feita "de avanços, de recuos, de táticas, de jogos com o texto. Ela vai e vem, sucessivamente captada, jocosa, protestatária, fugidia" [Certeau, 1990].

A Leitura entre Liberdade e Coerção (Wolfgang Iser)

Os filósofos da escola de Konstanz tentaram compreender a experiência da relação que se estabelece entre o texto e o leitor, o processo de interação texto-leitor. Wolfgang Iser [1976] interessou-se pelo "efeito do texto", analisa o processo que vai do texto ao leitor, mostrando que liberdade o texto dá ao leitor e, ao mesmo tempo, que coerções exerce sobre ele, enquanto Hans Robert Jauss [1978] estuda o modo como o leitor se apropria do texto.

A leitura é o encontro do texto com seu leitor. Wolfgang Iser insistiu também fortemente no fato de que um mesmo texto pode ser objeto de leituras diversas, contrastantes, que não há interpretação "correta" de uma obra que tenha de se impor, que todo texto é por definição polissêmico e ambíguo, rico de numerosos "potenciais de significação", não esgotados pelo leitor que se nutre de interpretações múltiplas e variadas. No entanto, as interpretações não são infinitas. O texto, por sua estrutura e seu conteúdo a um só tempo explícito e implícito, guia a imaginação do leitor, controla-a. A leitura é um processo que alterna liberdade, criação e coerção. Liberdade, porque o texto é sempre em parte aberto, inacabado (tema desenvolvido também por Umberto Eco [1985]), contém "brancos", suscitando por isso mesmo o trabalho imaginário do leitor e sua cooperação ativa, donde a necessidade de compreender como os mesmos textos foram interpretados por grupos sociais distintos, ou em épocas diferentes.

A leitura é também coerção, é enquadrada: a comunicação entre o texto e o leitor só se pode estabelecer se se fundamentar em códigos, valores e referências que lhes são em parte comuns, constituem o horizonte do texto, seus pontos de ancoragem, mesmo que o sistema de referências seja, ao mesmo tempo, desordenado, modificado pelo ato de criação literária. Do mesmo modo a língua, o estilo, a poética induzem um modo de leitura.

O texto não é por si mesmo o único ponto de ancoragem, não é isolado, inscreve-se num momento da história literária, pertence a um gênero que obedece a códigos (literatura fantástica, romance histórico, sentimental), é publicado por uma editora específica, tantos são os sinais que orientam, condicionam seu modo de leitura. Enfim, o prefácio, os prólogos, as advertências várias orientam também a leitura [Jouve, 1993] e travam os desvios imaginários do leitor.

Roger Chartier [1993] chama a atenção para a dimensão material do livro no qual é impresso o texto, que convida o leitor a uma leitura específica: a primeira e a quarta capas, a tipografia, a paginação, as ilustrações são outras formas de introdução à leitura de um texto.

O Leitor ao Encontro do Texto: "Os Horizontes de Expectativa" do Leitor: Hans Robert Jauss [1978]

Hans Robert Jauss aplica-se a renovar a história literária, que não pode ser unicamente a história das formas e gêneros literários, das obras e de seus autores; deve ser devolvida à sua relação com o processo geral da história e integrar a acolhida das obras pelos diferentes públicos que se sucederam. "A vida da obra é inconcebível sem a participação ativa daqueles aos quais é destinada." A vida da obra é feita da compreensão ativa dos leitores, da importância que lhe atribuem, do que compreendem, omitem, rejeitam. O historiador da literatura deve integrar-se à história das experiências sucessivas que os leitores viveram. Para Jauss, a maneira pela

> O Leitor É um Viajante
>
> Longe de serem escritores, fundadores de um lugar próprio, herdeiros dos trabalhadores de antanho mas no solo da linguagem, furadores de poços e construtores de casas, os leitores são viajantes; circulam nas terras de outrem, nômades caçando escondidos nos campos que não escreveram, arrebatando os bens do Egito para desfrutá-los. A escrita acumula, estoca, resiste ao tempo ao estabelecer um lugar e multiplica sua produção pelo expansionismo da reprodução. A leitura não se protege contra a usura do tempo (esquecemos de nós e esquecemos dela), não conserva ou conserva mal sua aquisição, e cada um dos lugares em que passa é repetição do paraíso perdido. [...]
> Trate-se do jornal ou de Proust, o texto tem significação apenas através de seus leitores; muda com eles; ordena-se segundo códigos de percepção que lhe escapam. Torna-se texto somente em sua relação com a exterioridade do leitor, por um jogo de implicações e de ardis entre duas espécies de "espera" combinadas: a que organiza um espaço *legível* (uma literalidade) e a que organiza um esforço necessário para a *efetuação* da obra (uma leitura) [Certeau, 1980].

qual o leitor se apropria do texto, e pela qual o interpreta, depende *de seus horizontes de expectativa*. Jauss distingue:

– os horizontes literários de expectativa que são feitos das leituras anteriores do leitor, de sua *biblioteca* interior impregnada da memória dos livros lidos [Goulemont, 1985];

– as expectativas concretas dos leitores que correspondem a seus interesses, desejos, necessidades e experiências sociais específicas, ligadas à sua pertença a uma classe social e a uma história individual;

– os códigos socioculturais, os valores, normas, gostos que constituem o universo do leitor e os níveis de competências específicas adquiridas (níveis de formação, conhecimentos adquiridos na instituição escolar e/ou por impregnação no meio familiar).

A obra tem também, em troca, um efeito sobre os horizontes de expectativa do público. Jauss distingue três tipos de obras:

– aquelas que satisfazem plenamente a expectativa imediata do público, confirmam-no em seus hábitos, confortam-no em suas experiências familiares: são as obras cujo objetivo é distrair;

– aquelas que provocam uma ruptura com o horizonte de expectativa, desordenam as normas do público e fazem com que elas sejam rejeitadas por este mesmo;

– aquelas que, depois de haver desordenado os horizontes de expectativa, libertado o leitor de seus preconceitos, abrem-lhe novos horizontes, novas perspectivas, criam novos gostos, renovam sua percepção do mundo.

Diversidade dos Modos de Interpretação e Apropriação dos Textos

Martine Burgos [1992] ressalta a diversidade e a riqueza das interpretações individuais dos alunos de dezesseis anos de um colégio profissional que se preparam para o CAP (Certificado de Aptidão Profissional) diante de certos episódios do *Grand Cahier* de Agota Kristoff, e mostra a relação dialética que se instaura entre o mundo do texto e o mundo de cada leitor. Esses alunos, todos pertencentes a uma mesma comunidade (mesmo fracasso na escola, mesmo lugar de residência, mesma falta de perspectivas profissionais), se mostram muito diferentes, distinguem-se entre si por diferenças de sensibilidade e de sistemas de valor. Experimentam pela primeira vez um verdadeiro livro. *Le Grand Cahier* é um diário mantido por dois irmãos gêmeos que contam episódios trágicos de sua existência. Os acontecimentos cruéis de *Le Grand Cahier* e a bestialidade de certas cenas, a aspereza de comportamento dos dois gêmeos levantam questões de ordem ética. Os alunos, não obstante pouco acostumados à atividade de leitura e pouco experientes, fizeram uma reflexão aprofundada e rica sobre esse romance e propuseram interpretações variadas e complexas dos comportamentos ambivalentes dos gêmeos.

A leitura de evasão, analisada por Gérard Mauger e Claude Possé-Poliak [1999], é quase sempre uma leitura feminina, implica simultaneamente um processo de separação do mundo real (o esquecimento das preocupações cotidianas, o derivativo para o tédio, a solidão), de afastamento da sociabilidade comum e de captação de um mundo fictício, de imersão no mundo do texto. Essa imersão se faz mais facilmente no caso de romances fáceis de ler, desprovidos de complexidade semântica ou sintática e que não necessitam de distância reflexiva. Ao mesmo tempo, a leitura de evasão refere-se a experiências emocionais, sentimentos, uma ética conformista, que não modificam mas confortam as representações convencionais do mundo e os valores do leitor ou da leitora. O mundo do texto permanece um mundo onde os sentimentos e as normas, amiúde estereotipados, permanecem conhecidos, familiares e próximos do leitor, dependem de esquemas universais; a estranheza provém do estatuto particular dos heróis e heroínas (príncipes ou princesas) e do mundo estranho e ilusório no qual evoluem.

Durante suas leituras de ficção, os adolescentes se deixam tomar totalmente pela história contada, participam de maneira intensa dos acontecimentos, vivem no modo imaginário as experiências afetivas (sofrimentos, medos, conflitos, amores) dos heróis. Jauss [1978] distingue a identificação admirativa, a identificação sintática e a identificação catártica, que permite ao leitor libertar-se de seus sofrimentos e solucionar suas próprias dificuldades.

A Interpretação do Texto Depende do Contexto Social, Cultural e Político

O contexto social e político em que se encontra o leitor diante de um romance específico não deixa de ter efeito sobre sua interpretação. Quando *Educação Sentimental* foi proposta como leitura aos estudantes nos anos que antecederam 1968, estes julgaram que o romance se resumia ao relato dos amores de um adolescente e de uma mulher madura, mas, quando esse mesmo romance foi apresentado a um público, igualmente de estudantes, após o episódio de maio de 1968, a obra tomou um significado político: Frédéric, relata Jean-Marie Goulemont [1985], foi visto, então, como um burguês reacionário e frouxo que preferia uma aventura mundana à ação revolucionária.

As tradições culturais nacionais explicam as diferenças de significação conferidas a obras idênticas. É o que revela um estudo da acolhida dada pelos leitores húngaros e franceses a dois romances, um francês, *Les Choses*, de Georges Perec, uma crítica da sociedade de consumo no início da década de 1960, e o outro húngaro, *O Cemitério de Ferrugem*, de Fejes, que descreve a sociedade húngara durante os mesmos anos. Franceses e húngaros fazem uma leitura moralizadora da obra de Perec. No entanto, ao contrário dos leitores franceses, que têm um modo de leitura distanciado, os leitores húngaros têm um modo de leitura incorporado e identificativo. Levando em conta o papel da literatura na construção nacional húngara, toda leitura envolve em primeiro lugar o cidadão, que formula juízos, e a obra literária é vista como um livro de exemplo; por isso o leitor húngaro interpreta *Les Choses* como uma fábula pedagógica. Os leitores franceses leem *O Cemitério de Ferrugem* como um documento sociológico sobre a situação da classe operária húngara, ao passo que a leitura dos húngaros é fundamentalmente política, liga-se à tradição húngara dos textos literários engajados [Leenhart, 1998].

A leitura é uma atividade dinâmica, em constante evolução; as maneiras de ler, de compreender, de interpretar, variam segundo as aptidões e os investimentos individuais. O modo de apropriação dos textos é criação, invenção, sempre em movimento; a análise dos controles sociais que ele sofre de maneira indireta continua por fazer.

A escrita é o prolongamento da leitura. "É preciso parar de admitir uma cesura qualitativa entre o ato de ler e o de escrever. O primeiro é criatividade silenciosa, investida no uso que se faz de um texto; o segundo é essa mesma criatividade, mas explicitada na produção de um novo texto" [Certeau, 1980]. Leitura e escrita são inseparáveis. Todo o mundo lê e todo o mundo escreve. A vida cotidiana, doméstica, é balizada por pequenos textos escritos, bilhetes, listas de compras, de cartas destinadas à administração ou à família, cartas de amor. As correspondências eram frequentes no século XIX e constituem preciosos testemunhos da vida na época. Os que têm o gosto de escrever privilegiam o diário íntimo ou os poemas, às vezes novelas. São as mulheres, principalmente, que escrevem na vida doméstica, gostam de confiar-se a um diário íntimo, secreto. A atividade de escrita dos amadores é, como a leitura, uma atividade particular, íntima, que exclui o olhar exterior. Os escritores geralmente são grandes leitores, gostam dos romances clássicos, das biografias e dos romances históricos [Donnat, 1996].

Conclusão

As práticas de leitura são de uma diversidade infinita que suscita inúmeros questionamentos. As maneiras de ler, os lugares de leitura, as circunstâncias que a favorecem são múltiplas e variáveis, são às vezes inesperadas, surpreendentes. As determinações sociais e culturais da leitura são patentes, mas não explicam a complexidade nem a riqueza dessa prática que requer análises meticulosas.

A leitura contínua e linear do livro parece dar lugar a múltiplas formas de leitura, a uma diversidade de maneiras de ler fascículos de diferentes formatos, destinados a ser consumidos depressa, esquecidos, jogados fora. A intensidade da leitura varia de acordo com as características do texto, de acordo com os objetivos, as intenções do leitor, de acordo com sua busca e de acordo com as circunstâncias, os momentos que lhe são concedidos. As maneiras de ler, de se apropriar dos conteúdos variam de um grupo social para outro, conforme suas tradições, seus interesses e suas expectativas. As determinações sociais e culturais da leitura são evidentes, mas surgem exceções que suscitam novos questionamentos. De igual modo, dentro de cada grupo social, localizam-se múltiplas variações nas práticas de leitura, que obrigam a aprofundar análises e a levar em conta percursos individuais de leitura, feitos às vezes de rupturas, de descontinuidades tanto na intensidade da prática quanto nas escolhas e nos interesses investidos.

O livro, hoje, parece apagar-se em proveito de uma multiplicidade de magazines rapidamente emprestados, rapidamente lidos, passando de mão em mão, deslizando sob os olhares ávidos, apenas curiosos. O livro, em vias de desaparecer? Logo que desaparecer, reaparece, pois o livro a que Y. Johannot concede um belo texto [1978] parece todavia imperecível, conserva-se sempre vivo (todos sabem do frenesi dos compradores de *Harry Potter*!). O livro, qualquer que sejam seu tamanho e seu formato, é uma referência constante, está sempre ali, pronto a abrir suas páginas, a acolher o leitor, a ser lido. Y. Johannot afirma: "Ele se abre como se abre a porta de uma casa – para uma intimidade destinada àquele que possui a chave". Ela lembra que H. Focillon compara os livros a casas, "as casas onde alojamos os pensamentos dos mestres e, em segundo lugar, os pensamentos de todo o mundo, eis o que são os livros". É frequentemente no formato do livro que hoje são editados revistas e periódicos destinados ao que chamamos o grande público, em especial as revistas de arte. Os livros de bolso são às vezes belos livros, de paginação engenhosa, refinada, livros destinados a ser lidos, relidos, folheados, olhados, admirados, depois conservados nas prateleiras de uma biblioteca para poderem ser retomados, redescobertos quase clandestinamente ao acaso de um percurso distraído ao longo das prateleiras.

Existe hoje uma profusão de textos para ler. As incessantes novidades oferecidas pelas editoras acumulam-se sem deixar às vezes mesmo ao leitor eventual o tempo de ler, de imergir-se no texto, de esquecer-se na leitura ou de saboreá-la. Uma leitura expulsa a outra. O "é preciso ler" repetido nem sempre é convincente, nem acompanhado de efeito porque o gosto pela leitura é frequentemente rebelde, nem sempre se curva às injunções dos especialistas atilados ou às incessantes seduções publicitárias. A leitura continua sendo uma prática sempre errante e incontrolável.

Bibliografia

BBF: *Bulletin des Bibliothèques de France.*
BPI: Bibliothèque Publique d'Information (Centre George-Pompidou).
ATD Quart Monde. *Données sur l'Illetrisme: Le Cas Français.* Unesco, 1980.
BALHOUL, J. *Lectures Précaires. Étude Sociologique sur les Faibles Lecteurs.* BPI, 1987.
BARBIER, F. *Histoire du Livre.* Armand Colin, 2001. [Trad. bras.: *História do Livro*, Valdir Barzotto et al. São Paulo, Paulistana, 2008.]
BARBIER-BOUVET, J.-F. "L'Embarras du Choix, Sociologie du Libre-accès en Bibliothèque". *BBF*, t. 31, n. 4, 1986.
BAUDELOT, C.; CARTIER, M. & DETREZ, C. *Et Pourtant ils Lisent...* Seuil, 1999.
BAYARD, P. *Comment Parler des Livres que l'on a pas Lus?* Minuit, 2007. [Trad. bras.: *Como Falar dos Livros que Não Lemos?*, Rejane Janowitzer. Rio de Janeiro, Objetiva, 2008.]
BERNIER, M.-A. *Libertinage et Figures du Savoir Rhétorique, et Romans Libertins dans la France des Lumières.* Les collections de la République des Lettres, coédition L'Harmattan, 2001.

BERNSTEIN, B. *Langage et Classes Sociales: Codes Socio-linguistiques et Contrôle Social*. Présentation et trad. J.-C. Chamboredon. Minuit, 1975.

BERTRAND, A.-M. *Les Bibliothèques*. La Découverte, 1998, 2001, 2007. Coll. "Repères".

_____; BURGOS, M.; POISSENOT C. & PRIVAT, J.-M. *Les Bibliothèques Municipales et Leurs Publics. Pratiques Ordinaires de la Culture*. Préface de J.-F. Hersent. BPI, 2001. Coll. "Études et Recherche".

BESSE, J.-M. *et al*. *L'Illetrisme en Question*. Presses Universitaires de Lyon, 1992.

BOURDIEU, P. *La Distinction. Critique Sociale du Jugement*. Minuit, 1979. [Trad. bras.: *A Distinção: Crítica Social do Julgamento*, Daniela Kern & Guilherme Teixeira. Porto Alegre, Zouk, 2007.]

_____. "Une Révolution Conservatrice dans l'Édition". *Actes de la Recherche*, n. 126-127, mars 1999.

_____. & PASSERON, J.-C. *Les Héritiers. Les Étudiants et la Culture*. Minuit, 1964.

BURGOS, M. "Ces Lecteurs Sont-ils des Lecteurs?", BBF, t. 37, n. 1, 1992.

_____; EVANS, Ch. & BUCH, E. *Sociabilités du Livre et Communautés de Lecteurs*. BPI, 1996. Coll. "Études et Recherche".

CACOUAULT, M. & OEUVRARD, F. *Sociologie de l'Éducation*. La Découverte, 1995 (3. ed., 2003). Coll. "Repères".

CAVAILLÉ, J.-P. *Dis-simulations; Religion, Morale et Polique au XVIIe Siècle*. Champion, 2002.

CAVALLO, G. & CHARTIER, R. (dir.). *Histoire de la Lecture dans le Monde Occidentale*. Seuil, 1997, 2001. [Trad. bras.: *História da Leitura no Mundo Ocidental*, Fúlvia Moretto *et al*. São Paulo, Ática, 1998.]

CERTEAU, M. de. *L'Invention du Quotidien*. Vol. I: *Arts de Faire*. Gallimard, 1980, 1990.

CHARON, J.-M. *La Presse Magazine*. La Découverte, 1999. Coll. "Repères".

_____. *La Presse des Jeunes*. La Découverte, 2002. Coll. "Repères".

CHARTIER, A.-M. & HÉBRARD, J. *Discours sur la Lecture*. BPI, 1989. Coll. "Études et Recherche". [Trad. bras.: *Discursos sobre a Leitura 1880-1980*. São Paulo, Ática, 1995.]

CHARTIER, A.-M. "Construction Sociale de l'Illetrisme e Modèles Scolaires: Pratiques et Représentations de l'Apprentissage". In: BESSE, J.-M. *et al.*, 1992.

──────. "La Lecture Scolaire entre Pédagogie et Sociologie". In: POULAIN, M. (dir.), 1993.

CHARTIER, R. (dir.). *Pratiques de la Lecture.* Payot et Rivages, 1985, 1993. [Trad. bras.: *Práticas da Leitura*, Cristiane Nascimento. São Paulo, Estação Liberdade, 2000.]

──────. *Histoire de la Vie Privée.* Seuil, 1986, tome III. [Trad. bras.: *História da Vida Privada: Da Renascença ao Século das Luzes*, Hildegard Feist. São Paulo, Companhia das Letras, 1991, vol. 3.]

──────. *Lectures et Lecteurs dans la France d'Ancien Régime*, Seuil, 1987. [Trad. bras.: *Leituras e Leitores na França do Antigo Regime*, Álvaro Lorencini. São Paulo, Editora Unesp, 2004.]

──────. *L'Ordre des Livres: Lecteurs, Auteurs, Bibliothèques en Europe entre XIVᵉ XVIIIᵉ Siècle.* Alinéa, 1992. [Trad. bras.: *A Ordem dos Livros: Leitores, Autores e Bibliotecas na Europa entre os Séculos XIV e XVIII*, Mary Del Priore. Brasília, Editora Unb.]

──────. & MARTIN, H. J. *Histoire de l'Édition Française.* Fayard-Cercle de la Librairie, 1991. 4 vols.

CHAUVEAU, G. "L'Enfant et la Lecture". *Sciences humaines*, avril 1998.

──────. & ROGOVAS-CHAUVEAU, E. "Rélations École-Familles Populaires et Réussite au CP". *Revue Française de Pédagogie*, n. 100, juillet-septembre 1992.

CONDORCET. *Écrits sur l'Instruction Publique*, GF Flammarion, 1994.

CORBIN, A. *Histoire de la Vie Privée.* Seuil, 1986, t. IV.

CRESAS. *Le Handicap Socioculturel en Question.* ESF, 1978.

DARNTON, R. "La Lecture Rousseauiste et un Lecteur 'Ordinaire' au XVIIIᵉ Siècle". In: CHARTIER R. (dir.), 1985.

──────. *Édition et Sédition; L'Univers de la Littérature Clandestine au XVIIIᵉ Siècle.* Gallimard, 1991. [Trad. bras.: *Edição e Sedição – O Universo da Literatura Clandestina no Século XVIII*, Myriam Campello. São Paulo, Companhia das Letras, 1992.]

──────. *Gens de Lettres, Gens du Livre.* Odile Jacob, 1992.

DELUMEAU, J. *Naissance et Affirmation de la Reforme.* PUF, 1972.

DENDANI, M. *La Lecture du Collège à l'Université.* L'Harmattan, 1998.

———. & REYSSET, P. "Lectures de Magazines chez les Étudiants, Lecture Loisir, Lecture Scolaire". BBF, t. 43, n. 5, 1998.

DETREZ, Ch. "Rapports à la Lecture, Adolescence et 'Genre'". In: DONNAT, O. & TOULAT, P. Les Publics de la Culture. Presses de Sciences Po, 2003.

DIDEROT, D. Lettre sur le Commerce de la Librairie. 1763. [Trad. bras.: Carta sobre o Comércio do Livro, Prefácio de Roger Chartier. Rio de Janeiro, Casa da Palavra, 2002.]

DONNAT, O. Les Français Face à la Culture. De l'Exclusion à l'Écletisme. La Découverte, 1994.

———. Les Amateurs, Enquête sur les Activités Artistiques des Français. Ministère de la Culture, 1996.

———. "La Stratification Sociale des Pratiques Culturelles et son Évolution, 1973-1997". Revue Française de Sociologie, vol. XI, n. 1, 1999.

———. (dir.). Regards Croisés sur les Pratiques Culturelles. La Documentation Française, 2003.

———. & TOULAT, P. Les Publics de la Culture. Presses de Sciences Po, 2003.

DUMARTIN, S. & MAILLARD, C. "Le Lectorat de la Presse d' Information Générale". INSEE Première, n. 753, décembre 2000.

DUMAZEDIER, J. & HASSENDORFER, J. "Le Loisir et le Livre. Élements pour une Sociologie de la Lecture". BBF, n. 4, juin 1959.

———. & ———. "Sociologie de l'Éducation et Sociologie de la Lecture". Courrier de la Recherche Pédagogique, n. 15, 1962.

DUMONTIER, F.; SINGLY, F. de & THÉLOT, C. "La Lecture moins Atractive qu'il y a Vingt Ans". Économie et Statistique, n. 233, juin 1990.

DURU-BELLAT, M. & JAROUSSE, J.-P. "Le Masculin et le Féminin dans les Modèles Éducatifs des Parents". Économie et Statistique, n. 293, 1996.

ECO, U. Lector in Fabula, le Rôle du Lecteur. Grasset, 1985. "Poche".

EGAUD, C. (dir.). Les Troubles Spécifiques du Langage Oral et Écrit. CRDP Lyon, 2001.

ELIAS, N. La Civilisation des Moeurs (1939). Livre de Poche, 1969. "Pluriel".

ESCARPIT, R.; ROBINE, N. & GUILLEMOT, A. Le Livre et le Conscrit. Bordeaux, SOBODI, 1966.

ESPERANDIEU, V.; LION, A. & BENICHOU, J.-P. *Des Illettrés en France*. Rapport au Premier ministre, La Documentation Française, janvier 1984.

ESCABLET, R. & FELOUZIS, G. *Livre et Télévision. Concurrence et Interaction*. PUF, 1992.

ETEVE C. & HASSENFORDER, J. "Rôle du Collège dans le Développement des Lectures de l'Enfant à l'Adolescent". *Inter-CDI*, n. 90, novembre-décembre 1987, et n. 107, septembre-octobre 1990.

EVANS, C. "La Circulation Privée des Livres entre les Lecteurs". *BBF*, t. 37, n. 1, 1991.

FOSSÉ-POLIAK C. *Les Autodidactes*. L'Harmattan, 1992.

FABIANI, J.-L. & SOLDINI, F. *Lire en Prison*. BPI, 1995.

FEBVRE, L. & MARTIN, H.-J. *L'Apparition du Livre* (1958). Albin Michel, 1999. [Trad. bras.: *O Aparecimento do Livro*, Fúlvia Moretto e Guacira Marcondes Machado. São Paulo, Hucitec/Editora Unesp, 1992.]

FLAUBERT, G. *Lettre à Louis Bonenfant*. 12 décembre 1856. In: GIRARD, D. & LECLERC, Y. (éd.). Rouen, 2003.

FOUCAMBERT, J. *Lire, C'est vraiment Simple quand C'est l'Affaire de Tous*. OCDI, 1982.

FRAISSE, E. *Les Étudiants de la Lecture*. PUF, 1993.

FURET, F. & OZOUF, J. *Lire et Écrire. L'Alphabétisation de Calvin à Jules Ferry*. Minuit, 1977. 2 vols.

GAULUPEAU, Y. *La France à l'École*. Gallimard, 1992, 1997.

GEORGE, J. *L'Écriture, Mémoire des Hommes*. Gallimard, 1987.

GILMONT, J.-P. "Réformes Protestantes et Lecture". In: CAVALLO, G. & CHARTIER, R. (dir.), 1997, 2001.

GINSZBURG, C. *Le Fromage et les Vers. L'Univers d'un Meunier du XVIe Siècle*. Aubier, 1980. "Histoire". [Trad. bras.: *O Queijo e os Vermes. O Cotidiano e as Ideias de um Moleiro Perseguido pela Inquisição*, Maria Betânia Amoroso. São Paulo, Companhia das Letras, 1987.]

GIRARD, A.; BASTIDE, H. & PORCHER, G. "Enquête Nationale sur l'Entrée en Sixième et la Démocratisation de l'Enseignement" (1963). *Population et l'Enseignement*, INED, PUF, 1970.

_____. & BASTIDE, H. "Enquêtes sur l'Orientation et la Sélection Scolaire" (1969). *Population et l'Enseignement*, INED, PUF, 1970.

GLASSNER, J.-J. *L'Invention de l'Écriture Cunéiforme*. Seuil, 2000.
GOODY, J. *La Raison Graphique: La Domestication de la Pensée Sauvage*. Minuit, 1979.
_____. *La Logique de l' Écriture*. A. Colin, 1985.
_____. *Entre l'Oralité et l'Écriture*. PUF, 1994.
GOULEMONT, J.-M. "De la Lecture comme Production de Sens". In: CHARTIER, R. (dir.), 1985.
GRAFTON, A. "Le Lecteur Humaniste." In: CAVALLO, G. & CHARTIER R. (dir.), 1997, 2001.
GRIGNON, C. & PASSERON, J.-C. *Le Savant et le Populaire. Misérabilisme et Populisme en Sociologie et en Littérature*. Gallimard/Seuil, 1989.
HAMPÂTÉ BÂ, A. *Amkoullel, l'Enfant Peul, Mémoires*. Actes Sud, 1992.
HASSENFORDER, J. "Loisirs et Éducation. Les Interêts des Jeunes de Quinze e Seize ans dans les Loisirs et l'Enseignement". *Courrier de la Recherche Pédagogique*, n. 30, mai 1967.
HÉBRARD, J. "École et Alphabétisation au XIXe Siècle (Approche Psico-pédagogique de documents historiques)". In: *Annales Économie-Société-Civilisation*, 1980, n. 1.
_____. "L'Autodidaxie Exemplaire. Comment Jamerey-Duval Apprit-il à Lire?" In: CHARTIER, R. (dir.), 1985.
HERSENT, J.-F. *Culture Littéraire des Adolescents: Ruptures et Continuité*. Direction du Livre et de la Lecture, Ministère de la Culture et de la Communication, 2002.
HOGGART, R. *La Culture du Pauvre* (1957). Minuit, 1970.
HORELLOU-LAFARGE, C. & SEGRÉ M. *Regards sur la Lecture en France. Bilan des Recherches Sociologiques*. L'Harmattan, 1997. "Logiques Sociales".
INSEE. *Le Comportement de Loisirs des Français 1966-1967 et 1986-1987*. Les collections de l'INSEE.
ISER, W. *L'Acte de Lecture: Théorie de l'Effet Esthétique* (1976). Mardaga, 1985.
JAUSS, H.-R. *Pour une Esthétique de la Réception* (1972, 1975). Gallimard, 1978.
JOHANNOT, Y. *Quand le Livre Devient Poche, une Sémiologie du Livre au Format de Poche*. Presses Universitaires de Grenoble, 1978.
JOUVE, V. *La Lecture*. Hachette Livre, 1993.

JULIA, D. "Lecture et Contre-Réforme". In: CAVALLO, G. & CHARTIER, R. (dir.), Seuil, 1997, 2001.
KALIFA, D. *La Culture de Masse en France, 1860-1930*. La Découverte, 2001. "Repères".
LABOV, W. *Le Parler Ordinaire: La Langue dans les Ghettos Noirs des États-Unis*. Minuit, 1978, 2 vols.
_____. *La Naissance de l'Écriture*. Réunion des Musées Nationaux, 1982.
LAÉ, J.-F. & NOISETTE, P. *Je, Tu, Il Apprend: Étude Documentaire sur Quelques Aspects de l'Illétrisme*. Document des Affaires Sociales, MIRE, La Documentation Française, 1985.
LAHIRE, B. *La Raison des Plus Faibles*. Presses Universitaires de Lille, 1993.
_____. *L'Invention de l'Illétrisme*. La Découverte, 1999.
_____. "Formes de la Lecture Étudiante et Catégories Scolaires de l'Entendement Lectoral". *BBF*, n. 48, 2002/4.
_____. *La Culture des Individus. Dissonances Culturelles et Distinctions de Soi*. La Découverte, 2004.
LEBLANC, F. *Libraire, un Métier*. L'Harmattan, 1998.
LEENHARDT, J. & JOZSA P. *Lire la Lecture, Essai de Sociologie de la Lecture* (1982). Réed. L'Harmattan, 1998.
LE GOAZIOU, V. *Pratiques Lectorales et Rapport à la Lecture des Jeunes en Voie de Marginalisation*. Rapport de Recherche, BPI, Agence Nationale de Lutte contre l'Illétrisme, Ministère de la Culture, Ministère de la Justice, 2005.
LE GOFF, J. *Les Intellectuels au Moyen Age*. Seuil, 1985. "Points".
_____. *Un Autre Moyen Age*. Gallimard, 1999.
LEHINGUE, P. "Les Différenciations Sexuelles dans les Pratiques Culturelles. Évolution 1973-1997". In: DONNAT, O. (dir.). 2003.
LYONS, M. *Le Triomphe du Livre. Une Approche Sociologique de la Lecture dans la France du XIXe Siècle*. Le Cercle de la Librairie, 1987.
_____. "Les Nouveaux Lecteurs au XIXe Siècle". In: CAVALLO, G. & CHARTIER, R. (dir.). 1997, 2001.
MANGUEL, A. *Une Histoire de la Lecture. Essai*. Actes Sud, 1998 (*History of Reading*, 1996). [Trad. bras.: *Uma História da Leitura*, Pedro Maia Soares. São Paulo, Companhia das Letras, 1997.]

_____. *Journal d'un Lecteur*. Actes Sud, "Babel" (*A Reading Diary*, 2004).
MARESCA, B. "L'Intensité de la Consommation Culturelle, Signe d'Urbanité". In: DONNAT, O. (dir.), 2003.
MARTIN, H.-J. *Le Livre Français Hier, Aujourd'hui, Demain*. Imprimerie Nationale, 1972.
_____. *Le Livre Français sous l'Ancien Regime*. Promodis, Le Cercle de la Librairie, 1987.
_____. *Histoire et Pouvoirs de l'Écrit*. Albin Michel, 1996.
MAUGER, G. F.; FOSSÉ-POLIAK, C. & PUDAL, B. *Histoires de Lecteurs*. Nathan, 1999.
MINISTÈRE DE LA CULTURE. *Les Pratiques Culturelles des Français. Enquêtes 1973, 1981, 1889, 1997*.
MOLLIER, J.-Y. (dir.), "Histoire de la Lecture, Histoire de l'Édition". In: CHARTIER, R. (dir.). *Histoire de la Lecture. Un Bilan de Recherches*. IMEC Éditions, 1995.
_____ (dir.). *Le Commerce de la Librairie en France*: 1789-1914. IMEC Éditions, 1997.
_____. "Les Mutations de l'Espace Éditorial Français du XVIIIe au XXe Siècle". *Actes de la Recherche*, n. 126-127, mars 1999.
_____ (dir.). *La Lecture et ses Publics à l'Époque Contemporaine. Essais d'Histoire Culturelle*. PUF, 2001. "Le noeud gordien".
NAFFRECHOUX, M. "Des Lecteurs qui s'Ignorent, les Formes Populaires de la Lecture". BBF, t. 32, n. 5, 1987.
_____. *Faits et Gestes de la Lecture à la BPI du Centre Pompidou*. Marseille, CERCON-CRESAC, 1987.
NETZ, R. *Histoire de la Censure dans l'Édition*. PUF, 1997.
OCDE. *L'Illétrisme des Adultes et les Résultats Économiques*. 1992.
PARMENTIER, P. "Les Genres et Leurs Lecteurs". *Revue Française de Sociologie*, vol. 27, n. 3, 1986.
PASSERON, J.-C. *Le Raisonnement Sociologique*. Nathan, 1991. "Essais et Recherches".
_____. & GRUMBACH, M. *L'Oeil à la Page. Enquête sur les Images et les Bibliothèques*. BPI, Centre Pompidou, 1985.
PÉGUIGNOT, B. *La Relation Amoureuse. Analyse Sociologique du Roman Sentimental Moderne*. L'Harmattan, 1991.
PERONI, M. *De l'Écrit à l'Écran*. BPI, 1991.

PEREC, G. *Le Lecteur.* Textes choisis et présentés par N. Piégay-Gros. GF Flammarion, 2002.

PETIT M. *Éloge de la Lecture. La Construction de Soi.* Belin, 2002.

──── *et al. De la Bibliothèque au Droit de Cité. Parcours de Jeunes.* BPI, 1997.

PIAULT, F. *Le Livre, la Fin d'un Règne.* Stock, 1995.

PINGAUD, B. & BARREAU J.-C. *Pour une Politique Nouvelle du Livre et de la Lecture.* Rapport au Ministre de la Culture, Dalloz, 1982.

PLATON. *Phèdre ou la beauté des Âmes,* 274, 275. *Oeuvres Complètes,* Gallimard, 1950, t. 2. "La Pléiade".

POULAIN, M. "Naissance des Sociologies de la Lecture". In: *Histoire des Biblithèques Françaises au XXe siècle, 1914-1990.* Promodis, Le Cercle de la Librairie, 1992.

──── (dir.). *Lire en France Aujourd'hui.* Le Cercle de la Librairie, 1992.

PRETECEILLE, E. "Équipements Culturels et Ségrégation Sociale": Le Cas de l'Île-de-France". In: SEIBEL, B. (dir.). 1995.

PROST, A. *L'Enseignement en France 1800-1967.* A. Colin, 1968.

PUDAL, B. "Lettrés, Illetrés et Politique". *Genèses,* n. 8, juin 1992.

RIVIÉRE, J.-P. *Illetrisme, la France Cachée.* Gallimard, 2001. "Folio".

ROBINE N. *Les Jeunes Travailleurs et la Lecture.* La Documentation Française, 1984.

────. *Lire des Livres en France des Années 1930 à 2000.* Éditions du Cercle de la Librairie, 2000.

ROCHE, D. *Le Peuple de Paris.* Paris, 1998. [Trad. bras.: *O Povo de Paris: Ensaio sobre a Cultura Popular no Século XVIII,* Antonio de Pádua Danesi. São Paulo, Edusp, 2004.]

ROUET, F. *Le Livre, Mutations d'une Industrie Culturelle.* La Documentation Française, 1992.

SAENGER, P. "Lire aux Derniers Siècles du Moyen Âge". In: CAVALLO, G. & CHARTIER, R. (dir.). 1997, 2001.

SALLENAVE, D. *Le Don des Morts.* Gallimard, 1991.

SALLES, D. "Jeunes et Néanmois Lecteurs". *Développement Culturel,* n. 131, 1999.

SAYAD, A. "La Lecture en Situation d'Urgence". In: SEIBEL, B. (dir.). 1995.

SCHNAPP, A. "Comment est Née l'Écriture en Grèce". *Sciences et Vie*, n. 219, juin 2002.
SEIBEL, B. *Bibliothèques Municipales et Animation*. Dalloz, 1983.
_____. "La Lecture Cheminote". BBF, t. 36, n. 1, 1991.
_____. *Lire, Faire Lire, des Usages de l'Écrit aux Politiques de la Lecture*. Le Monde Éditions, 1995.
SINGLY, F. de. *Lire à 12 Ans, une Enquête sur la Lecture des Adolescents*. Nathan, 1989.
_____. *Les Jeunes et la Lecture*. Dossier Éducation et Formations, n. 24, 1993, Ministère de l'Éducation et de la Culture.
SOLDINI, F. "Lecteurs Captifs". In: SEIBEL V. (dir.), 1995.
SONDAGE BVA, réalisé em 1992 pour la Direction du Livre e de la Lecture (DLL), pour France-Loisirs et *Le Monde*.
THIESSE, A.-M. *Le Roman du Quotidien. Lecteurs et Lectures Populaires à la Belle Époque*. Le Chemin Vert, 1984.
TOUSSAINT, J.-P. *La Télévision*. Minuit, 1997.
VIALA, A. *Naissance de l'Écrivain*. Minuit, 1985.
WAPLES, D.; BERELSON, B. & BRADSHAW, F. B. *What Reading Does the People*. University of Chicago Press, 1940.
_____. & TYLER, R. W. *What People Want to Read About*. American Library Association/University of Chicago Press.
WITTMANN, R. "Une Révolution de la Lécture à la Fin du XVIIIe?" In: CAVALLO, G. & CHARTIER R. (dir.), 1997, 2001.

Título	Sociologia da Leitura
Autoras	Chantal Horellou-Lafarge
	Monique Segré
Tradução	Mauro Gama
Editor	Plinio Martins Filho
Produção editorial	Aline Sato
Revisão de texto	Geraldo Gerson de Souza
	Plinio Martins Filho
Capa	Tomás Martins
Editoração eletrônica	Daniela Fujiwara
Formato	14 x 21 cm
Tipologia	Sabon
Papel	Cartão Supremo 250 g/m^2 (capa)
	Chambril Avena 80 g/m^2 (miolo)
Número de páginas	160
Impressão e acabamento	Paym Gráfica